CARL PICKHARDT, Ph.D.

CLAVES PARA DESARROLLAR LA AUTOESTIMA DE SUS HIJOS

longseller

CARL PICKHARDT, Ph.D.

CLAVES PARA DESARROLLAR LA AUTOESTIMA DE SUS HIJOS

longseller

Título original: Keys to developing your child's self-esteem
Foto de tapa: Laura Kovensky
Traducción: Claudia Oneto
Diagramación interior: Yanina Siccardi
Corrección: Delia N. Arrizabalaga

© 1992 Barron's Educational Series, Inc.
© 2001 Errepar - Longseller S.A.
Avda. Corrientes 1752
(1042) Buenos Aires - República Argentina
Internet: www.errepar.com
E-mail: libros@errepar.com

ISBN 950-739-929-1

Queda hecho el depósito que marca la ley 11723

Impreso y hecho en la Argentina
Printed in Argentina

Esta edición se terminó de imprimir en los talleres de Longseller,
en Buenos Aires, República Argentina, en enero de 2001.

Agradezco a mi esposa Irene sus aportes a la edición del original en sus etapas finales, y a Barbara Bauer Literary Agency, por haber llevado mi obra a los lectores.

INTRODUCCIÓN

*L*a *autoestima no es real*, en el sentido de que no es factible verla, tocarla u observarla directamente. Como *la inteligencia y la conciencia*, la autoestima es un concepto psicológico concebido para describir parte de la naturaleza humana. La existencia de esta entidad invisible sólo se materializa a través de acciones y expresiones personales consideradas como una manifestación de su presencia.

Así, cuando un niño resuelve un problema, podemos decir que da prueba de su *inteligencia*; cuando actúa de acuerdo con sus principios morales da prueba de su *conciencia*; y cuando exige un tratamiento equitativo, da prueba de su *autoestima*.

El concepto fue presentado por primera vez hace unos cien años por el psicólogo norteamericano William James, como una especie de fórmula: la autoestima es igual a la relación entre el logro y la aspiración. De acuerdo con esta fórmula, las personas pueden sentirse mejor consigo mismas, ya sea logrando más o aspirando menos.

Este nexo entre el grado de realización y el nivel de aspiración todavía forma parte del enfoque actual de la psicología respecto de la autoestima. Por ejemplo, si el desempeño personal no cubre las aspiraciones, la autoestima suele verse disminuida; si en cambio los logros personales exceden las aspiraciones, la autoestima suele aumentar. No obstante, la fórmula ha sido ajustada para adecuarse a los valores de nuestra cultura contemporánea: *la autoestima surge de la interacción entre nuestro desempeño y el valor que nos asignamos como personas.* Nos sentimos bien con nosotros mismos cuando logramos algo que nos resulta beneficioso; y paralelamente, si procuramos hacer lo que es bueno para nosotros estaremos satisfechos de nosotros mismos. Cualquiera de estas dos vías —mejorar nuestro desempeño o nuestra propia valoración— fortalecerá nuestra autoestima.

¿De dónde surge la autoestima y cuándo aparece? Según la Academia Americana de Pediatría, la autoestima no es innata. Es algo que el niño comienza a aprender poco después del nacimiento, a través de su experiencia circunstancial, del trato que recibe y de su interacción con el entorno.

La popularidad y el poder de la autoestima

La autoestima es uno de esos conceptos de la psicología que, a raíz de su enorme difusión, han terminado ocupando un lugar en nuestra vida diaria. Es común que los padres consulten a un terapeuta porque les preocupa "la baja autoestima" de su hijo. En las escuelas públicas, maestros y psicopedagogos diseñan programas para intensificar el bienestar derivado de una sólida autoestima, convencidos de que *los alumnos que se sienten bien consigo mismos estarán más motivados para trabajar en su propio beneficio.*

La evidencia clínica más clara del enorme poder de la autoestima es lo que ocurre cuando cae a niveles peligrosamente bajos, por ejemplo, cuando un niño entra en una profunda depresión. Su mundo psicológico comienza a regirse por un conjunto de atributos negativos: pesimismo, indefensión, ansiedad, desinterés, desaliento, pasividad y apatía, entre otros.

De ahí que superar una depresión dependa tanto de recuperar la autoestima. Cuando el niño enfermo comienza a mejorar su concepto de sí mismo y a actuar con más eficacia en su propio beneficio, recupera una autoestima positiva. Un médico que ha tratado a un gran número de niños deprimidos subraya la ventaja psicológica de una sólida autoestima: "A través de mis años de práctica en psiquiatría infantil me he convencido de lo siguiente: *los niños que gozan de una autoestima saludable son los más flexibles y los más resistentes a la depresión*".

El enfoque de la autoestima en este libro

Entonces, ¿cómo pueden los padres nutrir la autoestima en desarrollo de su hijo? Hay muchas formas, pero este libro se limita a un número relativamente reducido: aquellas estrategias (lo que los padres pueden *decir* y *hacer*) que están más al alcance de la mano, profundamente incorporadas en la vida diaria de una familia.

Con este propósito he organizado el libro de la siguiente manera. La Parte Uno presenta los conceptos básicos: una definición operativa de la autoestima y su relación con la responsabilidad, el crecimiento, el aprendizaje, la autoestima paterna y la semejanza con los padres. La Parte Dos enlaza la autoestima de un niño, con cuatro dimensiones del funcionamiento familiar: la comunicación, la cortesía, el conflicto y la corrección. La Parte Tres describe cinco maneras en que los padres pueden nutrir la estima de su hijo pequeño: solicitando su ayuda, poniendo el tema del dinero en perspectiva, alentando su creatividad, cultivando su capacidad y apoyando su competitividad.

La Parte Cuatro presenta tres desafíos de la vida escolar, que contribuyen a realzar la autoestima cuando se los resuelve adecuadamente: obtener buenas notas, afrontar la crueldad social y el TDA (Trastorno por Déficit de Atención, que se está convirtiendo en un tema de importancia para muchos chicos). La Parte Cinco investiga algunos de los peligros para la autoestima que acechan durante los ocho o diez años que dura la adolescencia: dificultades comunes relacionadas con la definición del rol que asume cada sexo, y cómo la orientación sexual puede afectar la autoestima. La Parte Seis es la más difícil de leer, ya que describe experiencias de vida muy duras, pero por desgracia frecuentes, que pueden tener un efecto devastador en la autoestima de un niño: la opresión social, la depresión, el abuso de drogas y la adicción, y el abuso sexual.

La Parte Siete describe cinco destrezas que pueden enseñarse a los hijos para reforzar su autoestima: el manejo del carácter, de las emociones, del pensamiento, de las expectativas y del estrés.

Al final del libro he agregado preguntas habituales sobre los hijos y la autoestima, cuyas respuestas no están incluidas en el cuerpo principal, así como también un glosario de términos poco comunes.

Una última palabra

Si no creyera que la autoestima es importante, nunca hubiera escrito un libro sobre ella. Dentro de la matriz de conceptos que dan cuenta de nuestro funcionamiento psicológico, creo que la autoestima ocupa un lugar de importancia. Sin embargo, a pesar de su relevancia, *la autoestima no lo es todo.*

Por ejemplo, es independiente de la moral. Una sólida autoestima no impide la maldad. Incluso aquellas personas extremadamente positivas respecto de quiénes son y cómo son, pueden actuar como matones, criminales y exterminadores fanáticos. La maldad puede sustentarse en una sólida autoestima con tanta facilidad como el bien. La autoestima también es independiente del resultado. No asegura el éxito. Una persona que confía en su desempeño está no obstante expuesta a malinterpretaciones, errores de cálculo y desaciertos. *Una sólida autoestima puede conducir a una persona tanto al fracaso como al éxito.*

La autoestima es un concepto muy norteamericano, que se ha instalado exitosamente en nuestra cultura durante el siglo transcurrido desde su invención. Tal vez fundada en nuestro derecho a la felicidad y a la realización, y nutrida por nuestra creencia en el crecimiento personal y en el éxito material, la autoestima parece estar aquí para quedarse. Además tiene un cierto viso de seducción y de validez —si bien no comprobable científicamente— para el sentido común. Puestas a elegir, la mayoría de las personas prefieren tener una alta autoestima, pues se la vincula con el bienestar y la capacidad personal.

Así como los padres reflexionan sobre los requerimientos de la estima de sus hijos, es mi deseo que también piensen en la propia, ya que *en una familia es importante la autoestima de cada uno de sus integrantes.* Desde mi lugar de observación como psicólogo, parecería que las personas están más proclives a comportarse mal con otros miembros de la familia cuando están mal consigo mismas. Cuanto peor se sienten, peor tratan al resto, peor son retribuidas, y así mantienen girando la rueda de la desdicha familiar. *En familias con baja autoestima, las relaciones se tornan mutuamente destructivas.*

En familias con alta autoestima, sin embargo, parece ocurrir lo contrario. Cuanto mejor se sienten consigo mismos sus integrantes, mejor se tratan unos a otros, y el bienestar general se acrecienta. *Cada uno obtiene lo mejor del otro, y no lo peor.*

La autoestima positiva no es una especie de moda popular ni un delirio de la New Age; es una antigua necesidad, capaz de sustentar en parte la existencia feliz y saludable de los individuos y los grupos familiares.

EN APOYO DE LA AUTOESTIMA

Si le gusto a la gente, o no;

Si gano, o si pierdo;

Si tengo un montón de dinero, o no mucho;

Si me tratan bien, o mal;

Si me cruzo con la fortuna, o con la adversidad;

Si triunfo, o si fracaso;

Si encuentro el amor, o no;

Si parezco atractivo, o si soy más bien común;

Si soy tan hábil como los demás, o no;

Si me siento bien, o si me siento enfermo;

Si cosecho el mérito, o la culpa;

En todo caso,

Reclamaré el respeto que me merezco;

Valoraré quién soy y cómo soy;

Tendré fe en lo bueno que hay en mí;

Agradeceré la naturaleza humana que me pertenece;

Procuraré hacer lo mejor y lo más acertado según mi criterio;

Me perdonaré cuando no lo haya hecho;

Y me esforzaré todo lo posible por ser mejor.

Carl Pickhardt, Ph.D.

1
¿QUÉ ES LA AUTOESTIMA?
Dos conceptos en uno

La autoestima es una combinación de dos palabras. Si las analizamos por separado veremos más claramente el significado del término completo. La partícula *"auto"* remite una acción al "uno mismo"o al "self", que es un término descriptivo: ¿mediante qué características específicas identifico quién soy? *Estima* es un término evaluativo: ¿con qué criterios determino cuánto vale lo que soy? *La autoestima tiene que ver con la forma en que una persona formula y evalúa su definición de sí misma.*

La variabilidad

La autoestima fluctúa y varía durante el curso de la vida, dependiendo del bienestar o la enfermedad, del éxito o el fracaso, de la ganancia o la pérdida, del vigor o la fatiga, de la fortuna o la adversidad, y de una multitud de otras condiciones y circunstancias cambiantes que forman parte de toda experiencia humana. Es muy útil tener esta variabilidad en cuenta. Si los padres consideran la autoestima como una constante que permanece inalterable una vez establecida, se desconcertarán ante los períodos normales de disconformidad consigo mismos que transitan sus hijos durante el crecimiento. En la adolescencia temprana e intermedia, por ejemplo (ver el Capítulo 19), debido a cambios drásticos e impredecibles de ánimo, los adolescentes suelen alterar impulsivamente su autodefinición (apariencia) y su autoevaluación (aprobación), lo que puede ocasionar fluctuaciones dramáticas en su autoestima. Los padres deben manejar este aspecto siempre cambiante de sus hijos, no como un problema que exige solución, sino como una realidad que debe aceptarse. También deberán ocuparse de que sus hijos aprendan a hacerse cargo de su propia definición y evaluación (ver el Capítulo 2), para ser capaces de recuperar o mantener una sólida autoestima a través de los cambios y desafíos inevitables del crecimiento.

El concepto del "self" ("Cómo me identifico a mí mismo")

El concepto del "self" significa muy poco hasta que vinculamos el término abstracto con alguna dimensión específica de la vida de una persona, con la cual esta se identifica conscientemente. Así, al decirle a un niño: "Cuéntame de ti", podrá comenzar a describir sus intereses ("Me gustan los deportes"), su condición social ("Estoy en segundo grado"), sus vínculos ("Vivo con mis papás y un hermanito"), sus posesiones ("Tengo un gato que se llama Gaspar"), su conocimiento ("Sé un montón de fútbol"), o su historia ("Una vez fui a México"). Cada descriptor añade una nueva dimensión al concepto del "self" que el niño se atribuye. (Muchos niños adoptados tienen que completar su noción de autodefinición y sienten la necesidad de conocer a sus padres biológicos: "Sé que formo parte de la familia en la que crecí, pero también soy parte de los padres que me dieron a luz. Y necesito recuperar esa historia para sentirme completo".)

El "self" es como una casa con muchas habitaciones, cada una de ellas ocupada por el niño. ("Soy lo que disfruto hacer; soy lo que sé; soy como me siento; soy lo que recuerdo; soy mi pasado; soy lo que tengo; soy las cosas que pienso; soy el lugar al que pertenezco"), y así sucesivamente.

Los padres que entienden esta diversidad saludable se preocuparán cuando parezca restringirse, es decir, cuando el niño elija vivir cada vez en menos "habitaciones". En el peor de los casos, si el niño se limita a vivir en un solo cuarto, po-

14

dría experimentar una falta abrumadora de autoestima si este llegara a vaciarse. "Sabes cuán sociable soy. Ahora que nos mudamos y estoy en una nueva escuela, no tengo ningún amigo. ¡No soy nada sin mis amigos!"

En este punto, es necesario que los padres ayuden al niño a reponer la habitación que falta y a desarrollar cuartos amueblados para alojar más autodefinición. Por ejemplo, pueden organizar reuniones para que su hijo haga nuevas amistades. Y también pueden alentarlo a practicar actividades solitarias, y a aprender que la propia compañía es gratificante: "Vamos a ayudarte a encontrar nuevos amigos, pero también queremos que cultives formas de pasarla bien a solas". *La baja autoestima puede originarse en una definición restringida o disminuida de uno mismo.*

El concepto de estima ("Cómo me evalúo a mí mismo")

El concepto de estima es evaluativo y depende en última instancia de cómo el niño elige juzgarse a sí mismo. Estos juicios pueden ser positivos o negativos, favoreciendo o disminuyendo la autoestima, respectivamente. Comúnmente se basan en:

- El grado de cumplimiento de los estándares y metas personales, por ejemplo, en alguna área de desempeño ("Hoy no hice ningún gol en el partido" o "Hice más goles que otras veces").

- La calificación alta o baja otorgada por una autoridad externa sobre el propio desempeño ("El entrenador me sacó después del primer tiempo" o "El entrenador me dejó todo el partido").

- Las comparaciones entre uno y los demás, como por ejemplo, cuánto menos o cuánto más tiene uno en relación con lo que los otros tienen ("Todos los demás chicos son más hábiles que yo" o " Estuve a la altura del resto").

- La aprobación o desaprobación externa de los pares, cuya opinión se tiene en gran estima ("Me dolió que me silbaran por fallar esos pases tan fáciles" o "Fue muy bueno que me aplaudieran por definir el partido").

- Participar en una competencia y perder o ganar ("Me siento un perdedor cuando el equipo no hace más que perder" o "Siento que jugamos bien aunque hayamos perdido").

Los padres deberían evaluar si tienen un hijo altamente crítico. En ese caso, cuanto más duro sea el niño consigo mismo, más desbalanceada será su evaluación cuando algo salga mal, y más a pecho tomará cualquier crítica que reciba. Por lo tanto, es necesario que los padres presten atención a los niños (a menudo, parecidos a sus padres) que esperan mucho de sí mismos, que se culpan fácilmente y se perdonan de mala gana.

Una manera de contrarrestar esta tendencia a la desvalorización de sí mismo es pedir que se incluya una cuota de *apreciación* en cada evaluación. En vez de disentir con el chico inclinado a la autocrítica (que suele discutir para defender su posición), los padres pueden alentarlo a incluir en su autoevaluación otros dos componentes igualmente importantes: *la buena disposición a aceptar cumplidos, formulados con sinceridad, y la buena disposición a asumir el crédito* de lo que también están haciendo bien. "Respetamos tu derecho a criticarte a ti mismo por tu desempeño, pero queremos que evalúes toda la situación y no sólo una parte. Parte de tu juego fue bueno, y aunque tus pases no llegaban, seguiste allí y te esforzaste por hacerlo lo mejor posible. Cuando más cuesta seguir es cuando las cosas no salen bien. ¡Bien hecho!"

La baja autoestima puede ser el resultado de una evaluación excesivamente crítica de uno mismo. Los padres pueden ayudar al niño a recuperar este tipo de estima perdida insistiendo en una autoevaluación equilibrada, que no solamente admita fallas sino que también reconozca fortalezas.

2

RESPONSABILIDAD
¿Quién está a cargo de la autoestima de un niño?

Es preciso distinguir entre la *influencia* y el *control* que pueden ejercerse sobre la autoestima de un hijo. Los padres tiene mucha influencia por el amor, el trato y la aprobación que le brindan, y porque establecen los términos de la convivencia en el hogar. Sin embargo, en última instancia, el control reside en las decisiones del niño respecto de qué hacer, qué no hacer o cómo sentirse.

Vale la pena insistir en esta discriminación, ya que si no se la pone en juego, el niño podría afirmar confundido: "¡Ustedes están haciéndome sentir mal conmigo mismo!". No. Los padres pueden, por cierto, comportarse de modos que al chico no le gusten, pero la *definición* y la *evaluación* de sí mismo (los dos componentes de la autoestima) corren en última instancia por cuenta del niño.

Los padres pueden recomendar dos reglas de conducta basadas en esta asignación de la responsabilidad:

1. No dejes que el modo en que los otros te identifican limite cómo te defines a ti mismo.

2. No dejes que el modo en que los otros te evalúan limite cómo juzgas lo que vales.

Distinguir entre el trato y la autoestima

Tomemos el peor de los casos. Consideremos dos niños, X e Y, que viven juntos con dos padres verbalmente abusivos; estos se dedican cada noche a ventilar sus frustraciones, hostigando a los niños y culpándolos de todo su estrés y sus conflictos. Durante una consulta, X expresa lo mal que se siente consigo mismo por las duras palabras que ha recibido: "Debo tener alguna falla para que mis padres me traten tan mal. Después de todo, se supone que los padres lo quieren a uno, así que sé que debe ser mi culpa". En este caso, X se otorga a sí mismo una evaluación negativa a causa de la conducta destructiva de sus padres.

En cambio, durante otra consulta, Y habla de cuánto la afecta este trato, pero no se siente mal respecto de sí misma. ¿En qué reside la diferencia si el trato es el mismo? "No me gusta, pero al menos sé que el problema es de ellos y no mío. Se supone que los padres no deben tratar así a sus hijos." La niña se evita a sí misma una evaluación negativa, responsabilizando a los padres por sus propios actos destructivos. Bajo la misma presión extrema, la autoestima de los dos niños se evidencia de manera muy diferente: X sacrifica su estima culpándose a sí mismo; Y preserva su estima, colocando la responsabilidad donde corresponde.

El poder de la conducta y las creencias

La autoestima de los niños depende en primer lugar de ellos mismos, y es necesario enseñarles este poder de elección. Los niños *se definen a sí mismos* a través de las conductas que asumen. Estas acciones pueden ser fortalecedoras para la autoestima. Por ejemplo, persistir a despecho de la frustración. En cambio, otras acciones pueden ser desmoralizantes en términos de la autoestima, como el hecho de desistir porque la tarea está resultando difícil. En ese caso, los padres pueden usar su influencia para presionar o instruir. Es útil que insistan y alienten al niño a sostener el esfuerzo, enseñándole a perseverar cuando hace algo difícil. Así el niño se sentirá bien consigo mismo cuando logre completar un proyecto arduo. "¡Uf! Lo logré! No pensé que podría!"

Los niños *se evalúan* mediante las *creencias* que tienen de sí mismos. Esos juicios pueden ser fortalecedores. Felicitarse a sí mismo por haber logrado un éxito tiende a elevar la autoestima. O por el contrario, los juicios pueden ser desmoralizantes. Calificarse de "estúpido" por cometer un error, disminuye la autoestima del niño. Aquí los padres pueden hacer valer su propia evaluación: "Nosotros creemos que equivocarse es simplemente una forma de aprender". Al adoptar esta evaluación, el niño se sentirá mejor consigo mismo. "Ahora sé lo que no debo hacer; antes no lo sabía."

Entonces, ¿quién es responsable de qué?

• Es *responsabilidad personal del niño* manejar su autoestima.

• Es *responsabilidad de los padres* enseñar al niño a manejar su autoestima.

Conductas y creencias fortalecedoras y desmoralizantes

La autoestima es una función de la forma en que el niño aprende a tratarse a sí mismo, ya sea de maneras fortalecedoras o desmoralizantes. Los padres pueden cuidar que sus hijos den cuenta de las conductas y creencias que afectan el reconocimiento de su propio valor. Con este objetivo, un padre puede identificar cuál es el trato positivo y cuál el negativo, y explicar al niño la conexión de refuerzo mutuo entre creencias y conductas. Esta instrucción está enteramente orientada a educar al niño para asumir más control sobre su autoestima. La estrategia es enseñarle las conductas y creencias fortalecedoras y desmoralizantes más comunes.

Algunos ejemplos de *conductas fortalecedoras de la autoestima* que los padres pueden fomentar son: hacerse responsable de los propios errores, aceptar elogios, arreglar algo roto, terminar lo que se ha comenzado, y cumplir las promesas con uno mismo y con los demás.

Algunos ejemplos de *creencias fortalecedoras de la autoestima* que los padres pueden fomentar son: "Tengo mucho que ofrecer", "Soy útil", "Tengo mucho sentido del humor", "A los demás les gusta estar conmigo", "Es divertido probar cosas nuevas".

Algunos ejemplos de *conductas desmoralizantes* que los padres pueden identificar son: negarse a hablar en grupo, rehuir juegos con otros chicos, no probar actividades en la que uno podría no ser bueno, mentir para eludir responsabilidades, y hacer trampa para ganar.

Algunos ejemplos de *creencias desmoralizantes* que los padres pueden identificar son: "No tengo nada importante que decir", "Nada resulta conmigo", "No puedo hacer nada bien", "Si algo sale mal seguro que es mi culpa", "Si los demás realmente me conocieran, no me querrían".

La relación entre conductas y creencias

Es importante que el niño entienda la conexión entre conductas y creencias. Los padres pueden explicarle cómo se condicionan mutuamente.

En cierta medida, *las conductas son el resultado de las creencias.* Por ejemplo, si un niño se cree tan inteligente como el resto de sus compañeros, es probable que trate de rendir como el resto de la clase. Pero si se considera inferior y estúpido, será menos probable que trate de rendir como los demás alumnos. ¿Por qué? Porque *las creencias funcionan como profecías* que se cumplen a sí mismas, cuando se trata de estándares que el chico lucha por alcanzar.

En cierta medida, *las creencias son el resultado de las conductas.* Por ejemplo, si un chico es capaz de trepar un árbol muy alto por primera vez, sin sufrir ningún percance, tal vez decida que es un trepador nato. Pero si sufre una mala caída a mitad de la subida, podrá asumir que trepar no es uno de sus talentos. ¿Por qué? Porque *las conductas señalan lo que es cierto, brindando una prueba convincente.*

Es más probable que un chico crea en sí mismo si practica conductas que le hacen sentirse satisfecho consigo mismo. Y a la inversa, si cree en su valor como persona, es más probable que se comporte de maneras que generen bienestar consigo mismo.

Por lo tanto, he aquí tres responsabilidades básicas de los padres en cuanto a la autoestima de su hijo:

1. *Observe* sus conductas fortalecedoras y desmoralizantes, y hágaselas saber.

2. *Escuche* sus creencias fortalecedoras y desmoralizantes, y hágaselas saber.

3. *Identifique* las conexiones entre conductas y creencias, y hágaselas saber.

3

EL CRECIMIENTO
Un desafío continuo a la autoestima

El crecimiento suele plantear riesgos a la autoestima de un niño, a causa de las pérdidas dolorosas que deben tolerarse, y porque el proceso de crecimiento en sí mismo puede provocar actitudes de impaciencia o insensibilidad en los padres.

Las pérdidas derivadas del crecimiento

En primer lugar, ¿por qué son ineludibles las pérdidas? Porque *crecer implica renunciar*. Para adoptar nuevos estilos de convivencia consigo mismo, con los demás y con el mundo, deben abandonarse viejos hábitos. La pérdida continua es el precio que un niño debe pagar para seguir creciendo. Así como el bebé deja el pecho por la mamadera, y más tarde la mamadera por la taza, cada paso hacia una mayor autonomía significa alejarse de alguna dependencia que resultaba placentera.

Naturalmente, hay recompensas al crecimiento: más capacidad, más responsabilidad, mejor inserción social y aprobación por parte de los padres. No obstante, se extraña el bienestar perdido, que el niño asocia con una etapa más sencilla de su vida. La comprensión de los padres respecto de este aspecto difícil del crecimiento evita que el niño crezca a expensas de su autoestima . "El hecho de que estemos menos pendientes de ti a medida que creces no significa que nos importes menos. Te queremos igual que siempre, y te respetamos más."

La crítica paterna es generalmente enemiga de la autoestima del niño. Por lo tanto, cuando se trata de estas pérdidas, no es aconsejable criticar a un hijo que se lamenta porque ya no se le consienten determinadas cosas. Ni tampoco deberían enojarse cuando el niño retrocede, reclamando ciertos mimos a los que renunció para crecer ("Léeme un cuento antes de dormir, como cuando era chico y me sentía mal").

Debemos recordar siempre que crecer es en el mejor de los casos una danza insegura hacia adelante y hacia atrás: una sucesión alternante de progreso y regresión. *Los padres que se impacientan ante esta inconsistencia, o que deciden retar al niño por su retroceso, sólo consiguen sumar el riesgo de su desaprobación a un proceso de por sí azaroso. Como consecuencia, pueden desalentar los avances y poner en peligro la autoestima del niño.*

Se necesitan dos actos de coraje para crecer; tolerar las pérdidas es sólo el primero. El segundo es enfrentar la insensibilidad de los padres, cuando no comprenden la secuencia de crecimiento que está ocurriendo.

La secuencia de crecimiento

Una etapa de crecimiento comienza cuando el chico deja atrás viejas limitaciones, creando nuevas libertades para que tenga lugar el desarrollo. Moverse al ritmo de este proceso dinámico puede resultar confuso para los padres. Es habitual que cada tanto se vean obligados a correr para no quedarse atrás.

Ya sea durante la transición de la niñez a la adolescencia temprana, desde los nueve hasta los trece años (ver el Capítulo 19), o del "maravilloso primer año" a "los terribles dos", nunca es lo mismo ser padre, pues el niño cambia constantemente. Justo cuando los padres sienten que tienen la "crianza" resuelta y que entienden a su hijo, este cambia en la convivencia, obligándolos a preguntarse qué está pasando y cómo deberían responder.

23

Cómo deberían responder es un interrogante crítico; la reacción de los padres puede reforzar o herir directamente la autoestima de un hijo, en un momento vulnerable en el que su autodefinición y su autoevaluación están cambiando. En esta encrucijada es muy útil entender la naturaleza general de toda secuencia de crecimiento:

La secuencia de crecimiento

1: Desintegración de la vieja definición	2: Exploración de lo nuevo	3: Consolidación de la nueva definición
	Motivación	
Insatisfacción: Tomar distancia cuestionando antiguos límites y quebrantando restricciones.	*Curiosidad:* Usar la libertad para experimentar lo nuevo.	*Control:* Integrarse para crear una nueva identidad.
	El niño se siente	
Inquieto: "No me gusta cómo soy o cómo me tratan."	*Entusiasmado:* "Voy a probar algunas formas nuevas de actuar."	*Conforme:* "Me gusta esta nueva forma que he adoptado."
	El niño le parece al padre	
Contestatario	*Impredecible*	*Consistente*
	El padre se siente	
Enojado frente a la resistencia.	Ansioso ante lo desconocido.	Aliviado por la estabilidad.

Separar el proceso de crecimiento de la elección personal

Es preciso que los padres prevean las consecuencias del crecimiento, considerándolas una parte normal del proceso, sin tomar los cambios de su hijo como algo personal. Si se enojan cuando el niño se opone (debido a la desintegración), pueden criticar y decir cosas dolorosas; si se asustan ante lo impredecible (que surge de la exploración) tal vez lo hieran o reaccionen por demás para recobrar el control. La alternativa es aceptar la secuencia del crecimiento: cómo la desintegración motiva la exploración, y cómo esta a su vez genera consolidación que, tarde o temprano, volverá a ocasionar otra desintegración. El crecimiento no es algo que los hijos hacen para ofender a sus padres, sino algo a través de lo cual maduran.

Los padres no deberían culpar a sus hijos por el proceso de crecimiento, pero sí procurar que se responsabilicen de las elecciones personales que hacen a cada paso. Por ejemplo, aceptarán la frustración de un niño de dos años cuando se le niega un permiso (oposición que surge de la desintegración), pero le darán a entender que un berrinche no revertirá el "no" de sus padres. De la misma forma, aceptarán el impulso del bebé de llevarse todo a la boca, pero le harán saber que la basura de la calle no se debe tocar.

Los padres cuidadosos no tratarán el crecimiento de su hijo como una ofensa que merece castigo, pero sí considerarán que la toma de decisiones es responsabilidad del niño. Y cuando su comportamiento se estabilice, sabrán que el beneficio de la consolidación no va a durar eternamente: estarán listos para el próximo estallido de cambio.

Hay mucho en juego para un niño durante las transiciones del crecimiento, ya que tanto su autodefinición como su autoevaluación (los dos componentes de la autoestima) se someten a revisión, sin garantía alguna en cuanto al resultado final. Crecer exige coraje para incursionar en lo desconocido y para desafiar la impaciencia o la desaprobación paternas. Por eso los hijos necesitan la aceptación de los padres sobre aquello que el instinto los apremia a hacer, y no la censura respecto de un cambio que están sufriendo y sobre el que no tienen ningún control.

4

LA EDUCACIÓN
Los riesgos del aprendizaje

La relación entre autoestima y aprendizaje es engañosa. El hecho de aprender eleva la autoestima, debido a la adquisición de nuevas habilidades y comprensiones, pero a la vez se requiere autoestima para aprender. Los padres suelen apreciar la primera parte de esta afirmación, mas tienden a ignorar la segunda. ¿Por qué se precisa autoestima para aprender? Porque el proceso de aprendizaje es psicológicamente riesgoso, y la disposición a asumir esos riesgos depende en parte de la confianza del niño en su propia capacidad y en su valor como persona.

Los riesgos del aprendizaje

Parte del problema podría ser la amnesia de los padres en cuanto a su propia instrucción, pues han olvidado lo difícil y descorazonante que les resultaba a ellos mismos aprender incluso las tareas más simples. Ya de grandes, se impacientan cuando el chico no capta rápidamente algún concepto básico, por ejemplo, la manera segura de cruzar una calle. "¿Por qué no puedes hacerlo bien de entrada? ¡No se necesita ser un genio para entenderlo! Es muy simple. Se supone que debes ir hasta la esquina, detenerte y mirar a ambos lados. Si no viene ningún auto en los dos sentidos, entonces puedes cruzar a la otra vereda. ¿Qué más necesitas para aprender?" La respuesta es: práctica mediante la repetición, ya que *la mayoría de los niños no aprenden de una sola vez* lo que sus padres les enseñan. Se requiere normalmente mucha paciencia, supervisión y estímulo. Si usted se irrita, es probable que su hijo se niegue a seguir aprendiendo, dado que el proceso se ha tornado *inseguro*. ¿Inseguro en qué aspecto?

Imagine a un joven de dieciséis años, que nunca ha conducido, tomando clases de manejo con un padre nervioso. Juntos en el auto, con el chico al volante, la seguridad del padre está condicionada por la inexperiencia del hijo. Considere los *cinco riesgos para la autoestima* que el joven debe afrontar si quiere aprender a conducir:

1. Debe estar dispuesto a *declarar su ignorancia*. "Ni siquiera sé hacer los cambios."

2. Debe estar dispuesto a *cometer errores*. "Me olvidé de sacar el freno de mano antes de arrancar."

3. Debe estar dispuesto a *sentirse tonto*. "Quise poner la luz de guiño, pero en cambio puse en marcha el limpiaparabrisas."

4. Debe estar dispuesto a *parecer tonto*. "Me quedo parado en el cruce, y todos me tocan bocina."

5. Debe estar dispuesto a *ser evaluado*. "¡Y ahora te quejas de que al cuarto intento vuelvo a estacionar lejos del cordón!"

Al aprender se desarrolla solvencia, lo que sustenta la autoestima. Pero como al mismo tiempo el aprendizaje pone la autoestima en riesgo, los padres deben cuidar sus reacciones mientras el chico atraviesa este proceso de ensayo y error para adquirir nuevos conocimientos y destrezas.

Retomando el ejemplo del padre como pasajero ansioso, compare dos series extremas de reacciones que podrían ensayarse frente a los cinco riesgos que está asumiendo el conductor novato. Observe a la izquierda las reacciones *alentadoras*, y a la derecha las *desalentadoras*.

Respuesta alentadora	Riesgo del aprendizaje	Respuesta desalentadora
"Para aprender se empieza por no saber."	*Declararse ignorante*	"Es increíble que no lo sepas a tu edad."
"Todos aprendemos de nuestras equivocaciones."	*Cometer errores*	"Sigues haciendo lío."
"Es duro no saber."	*Sentirse tonto*	"¡No vas a aprender nunca!"
"Es valiente de tu parte seguir intentando."	*Parecer tonto*	"¿Qué dirán los demás?"
"Ya has aprendido más de lo que sabías."	*Ser evaluado*	"¡Otra vez te equivocaste!"

Si los padres quieren disuadir a un hijo de asumir los riesgos del aprendizaje, deberán adoptar actitudes que hieran su autoestima. Conseguirán que el chico eluda nuevos desafíos y por ende, la posibilidad de salir lastimado. Pueden lograr que el aprendizaje se torne riesgoso, de las siguientes maneras:

- Descalificando la ignorancia.

- Impacientándose con los errores.

- Criticando la estupidez.

- Provocando vergüenza.

- Otorgando evaluaciones punitivas.

Al usar estas tácticas, los padres refuerzan la resistencia del chico a enfrentar ciertos riesgos del aprendizaje imprescindibles para el crecimiento. Sin embargo, si los padres ven el aprendizaje como lo que efectivamente es —un acto de coraje— comunicarán en cambio mensajes alentadores. Entonces se preocuparán por:

- Valorar la disposición a admitir la ignorancia.

- Ser pacientes con los errores inevitables.

- Solidarizarse con la sensación de sentirse tonto cada tanto.

- Elogiar el coraje de probar y fracasar en público.

- Otorgar evaluaciones positivas por el nuevo conocimiento adquirido.

Medidas de seguridad en el hogar

Por último, los padres pueden lograr que el respaldo a quien está aprendiendo sea uno de los valores de la familia. Es importante que ejemplifiquen la paciencia con su propio aprendizaje, sin mostrarse frustrados, desalentados o molestos consigo mismos cuando no les sale fácilmente algo nuevo. Y pueden asegurarse de que no se descalifique a nadie que se está esforzando por adquirir una nueva destreza o por entender algo. Así los hijos mayores aprenderán a no burlarse de los más pequeños cuando estos luchan por aprender.

5

LA AUTOESTIMA DE LOS PADRES

Por qué es importante el modelo

Hay una máxima para padres, que asevera: "No puedes darle a tu hijo lo que tú mismo no tienes". De acuerdo con este principio, un padre que habitualmente miente no puede enseñar la sinceridad, de la misma manera que otro de carácter irremediablemente explosivo no puede enseñarle a su hijo a permanecer sereno durante las crisis. Los padres enseñan, no tanto por lo que dicen sino más bien a través de su propia conducta personal. En la relación con sus hijos: *enseñan lo que actúan*.

Así, cuando un padre comunica el doble mensaje: "Haz lo que digo pero no lo que hago", el modelo que se muestra es más fuerte que la recomendación. Suele ocurrir que los padres, deseosos de evitarle a su hijo el estrés derivado de su estilo de vida, lo insten a no comprometerse demasiado, y a no trabajar bajo presión, sintiéndose exhausto casi todo el tiempo; pero el chico, a pesar de todo, se excede a su propio costo emocional. ¿Por qué? En cierta medida, porque un niño aprende a actuar siguiendo el modelo de sus padres.

Por eso, cuando los padres corrigen al niño adoptando la misma conducta que quieren evitar (por ejemplo, le gritan al chico para que deje de gritar), terminan alentando el comportamiento que buscaban interrumpir. Una vez más, el modelo prevalece sobre la instrucción dada. *Para bien y para mal, como más influyen los padres sobre sus hijos es predicando con el ejemplo.*

Los modelos y la autoestima

En alguna medida, los padres suelen actuar deliberadamente como modelos. Por ejemplo, cuando recompensan al niño por aprender a respetar una regla o hacer una tarea como ellos: "¡Muy bien! ¡Lo hiciste igual que nosotros!". Y el niño se sentirá orgulloso de haberlo logrado. No obstante, la mayor parte de las pautas se transmiten y se reciben inconscientemente. A través de la conducta espontánea de sus padres, los niños incorporan ejemplos automáticamente, recibiendo la impronta sin percatarse. Los hijos construyen gran parte de su autodefinición a partir de la cultura familiar en la que se criaron. Al igual que sus padres, dan el modelo por sentado, adoptando conductas habituales, actitudes, presuposiciones, formas de hablar y gustos. Casi todas estas pautas pasan inadvertidas para los padres, en su momento, incluyendo comportamientos y creencias que pueden afectar directamente la autoestima, para bien o para mal.

Esta desatención habitual, sin embargo, puede ser subsanada. Para ello, los padres deberán evaluar sus propias creencias, y sus conductas fortalecedoras y desmoralizantes en diversos ámbitos de su vida. A partir de estas tres preguntas, podrán evaluar de qué manera influyen como modelos en la autoestima de su hijo:

1. ¿En qué términos fortalecedores o desmoralizantes viven consigo mismos? Por ejemplo, ¿se aceptan y se valoran a sí mismos o se critican y se descalifican? ¿Se cuidan a sí mismos o se descuidan? ¿Asumen su responsabilidad o atribuyen todo lo que les pasa a alguien más?

2. ¿En qué términos fortalecedores o desmoralizantes se vinculan con los demás? Por ejemplo, ¿practican la con-

31

fianza y la sinceridad con aquellos que conocen o la desconfianza y el engaño? ¿Tienden a decir lo que piensan y a expresarse o se cierran y permanecen a un lado? ¿Suelen abrirse para conectarse con la gente o ponen distancia y se aíslan?

3. ¿En qué términos fortalecedores o desmoralizantes interactúan con el mundo en general? Por ejemplo: ¿Creen que esforzarse vale la pena, o consideran que es una inversión inútil y una pérdida de tiempo? ¿Creen en la iniciativa personal o aceptan pasivamente lo que les ocurre? ¿Tienen confianza en el futuro o se desalientan frente a un mañana que sólo promete frustraciones?

Ninguna de las series de opciones es correcta o incorrecta, pero las positivas tienden a elevar la autoestima, y suelen constituir buenos modelos para desarrollar una autoestima positiva en los hijos.

El segundo modelo que dan los padres

Hay una cláusula de excepción en la máxima sobre el modelo paterno con la que iniciamos el capítulo: es posible fortalecer la autoestima de un hijo, transmitiendo características que no se tienen. A primera vista, parecería haber una contradicción. ¿Será que la máxima está equivocada? En realidad es correcta, en la medida de su alcance, ya que el concepto de modelo no vale sólo para las imitaciones.

También es posible negarse conscientemente a imitar. *Actuar como modelo involucra, por una parte, aquello que los padres tienen para ofrecer, y por otra, lo que los hijos eligen tomar.* Vale decir que los padres pueden dar dos modelos a su hijo, y no uno solo:

• Cómo ser.

• Cómo no ser.

En pocas palabras, los hijos pueden tomar la decisión de no ser como sus padres en aspectos que consideren dolorosos, desagradables, improductivos e incluso negativos para la autoestima. "¡Cuando me sienta mal conmigo mismo, no voy a emborracharme como mi mamá, porque ya sé que eso sólo empeora las cosas!"

En este caso, aunque la madre no se propuso dar un ejemplo negativo que sirviera como modelo positivo, eso es justamente lo que sucedió. El hijo recibió de regalo un "contramodelo" de cómo no ser.

Cambiar el modelo

¿Quedará fijo para siempre el modelo paterno una vez que se establece? Por ejemplo, consideremos a un hombre criado en una familia de padres perfeccionistas, para quienes ningún logro era lo suficientemente bueno. Tampoco eran más exigentes con él que consigo mismos. Sólo enseñaban lo que habían aprendido de sus padres: no estar jamás satisfechos con su desempeño, pretender siempre rendir más, aspirar a ideales imposibles de alcanzar. Ahora ese hombre, padre a su vez, sigue atormentándose con sentimientos de incapacidad, poniendo su autoestima permanentemente en jaque. "Podría haberme esforzado más; debería haberlo hecho mejor; no di lo mejor de mí; no aproveché al máximo mi potencial; no estaré nunca a la altura de las circunstancias."

Este es el modelo de autoestima que nuestro hombre establece, y el que transmite a sus hijos a través de la crítica constante. ¿Podrá cambiarlo si así lo desea? ¿O está condenado a legar esta sensación de incapacidad a la próxima generación?

La respuesta a esta última pregunta es "No", con toda seguridad. La autoestima depende de cómo una persona *elige* definirse a sí misma y *elige* evaluar esa definición. En el ejemplo que mencionamos, la autoestima es el resultado de cómo el hombre aprendió a tratarse a sí mismo con actitudes descalificantes. Sin embargo, podrá cambiar estos términos si baja los estándares que desea alcanzar, de una altura inhumanamente ideal a otra más realista y humana. Con la práctica, se reconciliará con la idea de que ser imperfectamente humano es aceptable para casi todo el mundo, y por qué no, también para él.

Todo el tiempo estamos sobreponiéndonos a conductas desmoralizantes para nuestra autoestima; observar la experiencia de un padre puede ser sumamente liberador para el hijo. En última instancia, la fuerza modeladora de la autoestima de los padres se reduce a lo siguiente: *una de las mejores formas de alentar la autoestima en un hijo es nutrir la propia estima consistentemente.*

6

EL PARECIDO
Y LA AUTOESTIMA
El hijo "bueno" y el hijo "malo"

La presión social sobre el niño comienza muy temprano, en el hogar. Los padres, como principales proveedores, compañeros iniciales de juegos y autoridades de hecho, sientan los términos en los que un niño debe convivir en familia. Para conseguir aprobación, satisfacer sus deseos y recibir expresiones frecuentes de amor, el niño aprende la conveniencia de adaptarse y seguir la corriente. La *psicología del parecido* lo induce a asemejarse a quienes rigen el orden familiar, para complacer y recibir a cambio lo que desea.

Emplear esta estrategia con las autoridades familiares (y más tarde con cualquier otra que gobierne una estructura social) suele tener su recompensa: "Cuanto más actúo como ellos o soy como ellos pretenden que sea, mejor me tratan". En cuanto a los padres, *el hijo más "fácil" es normalmente el que más se les parece*. La excepción a la regla son los conflictos por el parecido, como el caso de un padre que combate en su hijo aquello que él mismo no puede superar (la dilación, por ejemplo).

Como otros animales sociales, los seres humanos encuentran los parecidos cómodos y seguros, y tienden a percibir la diferencia como incómoda y riesgosa. El hecho de que un hijo se les parezca genera en los padres una sensación de familiaridad y compatibilidad. "Nunca tuvimos un solo problema con nuestro hijo. Tiene nuestros mismos gustos y hace todo lo que le pedimos." El parecido no elegido, producto de la herencia (como el parecido genético en cuanto a rasgos deseables de personalidad, temperamento, inteligencia o apariencia física) a menudo intensifica esa sensación de afinidad, de la misma manera que la ausencia de semejanza genética (en vínculos de adopción u otros parentescos no biológicos, por ejemplo) puede disminuir el parecido y generar más distanciamiento.

Imaginemos el desarrollo de la siguiente historia familiar. El primogénito, al igual que sus dos padres, tiene una fuerte contextura física, es comunicativo y socialmente extravertido, muy energético, y tiene habilidades atléticas innatas. Al hijo número uno le encantan las actividades al aire libre y entrenarse con sus padres, con quienes comparte su afición por todo tipo de deportes populares. Los tres conforman una sociedad de admiración mutua, en la que parte del placer de estar juntos deriva de todo lo que sus integrantes comparten y tienen en común.

Entonces llega el hijo número dos, quien desde el principio parece diferente del hijo número uno. Es frágil y reflexivo, más lento en su desarrollo físico, se cansa fácilmente, prefiere quedarse en casa, y le gusta más leer y fantasear que mirar programas deportivos; es más introvertido, menos comunicativo y se resiste a dejar de lado sus juegos solitarios.

Las comparaciones pueden ser destructivas

No es que los padres quieran menos al hijo número dos, pero están de acuerdo en que el dos es "nuestro hijo difícil", y que no es "fácil" como el número uno. Este juicio comienza a pesar fuertemente cuando el número dos ingresa en la adolescencia a continuación del uno. "El mayor conversa con nosotros, está siempre dispuesto a compartir y es divertido estar con él; el menor, en cambio, prefiere estar solo y se enoja cuando le pedimos que se integre y nos acompañe. No quiere participar de las actividades familiares, y nos resulta muy difícil entender sus intereses y sus amistades. Insiste en ser diferente. A veces nos cansamos, y terminamos criticándolo y corrigiéndolo montones de veces, para ver si logramos que sea un poco más como el resto de la familia."

Así como la afinidad con los valores y las normas paternas suscita aprobación, los padres suelen castigar al hijo diferente con falta de comprensión y aceptación, con frustración ante su inconformidad, con conflicto por alejarse de la norma, e incluso con enojo ante su obstinada resistencia a cambiar. "¡Háganse a la idea! No soy como ninguno de ustedes dos ni como mi hermana, ni lo voy a ser nunca!"

El hijo diferente puede sentirse solo y descalificado por no compartir la cultura familiar dominante; ambos sentimientos afectan fuertemente la autoestima. Cada mensaje que inste al niño a cambiar es vivido como una experiencia más de rechazo.

La trampa de la evaluación

Cuando los padres juzgan a un hijo como "fácil", porque se parece a ellos, y a otro "difícil", porque diverge de la norma familiar, corren el riesgo de iniciar una cadena de evaluación en la que "fácil" equivale a "bueno" y "difícil" a "malo". De esta distinción pueden surgir sensaciones de preferencia (prejuicio) y de favoritismo (discriminación). El hijo bueno recibe evaluaciones más positivas y más recompensas, y el hijo malo, en cambio, menos de todo.

En situaciones extremas, al sentirse injustamente tratado por esta desigualdad, el hijo "malo" puede reaccionar enojándose, lo que empeora aún más su reputación negativa y el trato que recibe. Así se convierte en el pararrayos de los conflictos familiares y en el eje de preocupación de los padres. Mientras tanto, el hijo "bueno" sigue acumulando elogios y cosechando recompensas.

Los roles contrastantes que juegan ambos niños terminan provocando celos entre ellos. El hijo difícil envidia el monto desproporcionado de aprobación que el hijo fácil recibe de los padres. El hijo fácil envidia el tiempo extra que los padres dedican al hijo difícil. En cuanto a los padres, no es su intención ser injustos. Normalmente sólo están tratando de "enderezar" al hijo "malo" para que se ajuste a su definición de "bueno".

Recompensar la semejanza puede dañar al hijo "malo" y al "bueno"

Los padres deben cuidarse de recompensar en exceso la semejanza, ya que pueden no sólo herir la autoestima del hijo "malo" sino también la del hijo "bueno". ¿De qué manera? Considere lo que puede ocurrir al final de la adolescencia. Al tomar su propio rumbo, el hijo "malo" puede honestamente reclamar la individualidad por la que siempre luchó; los padres, por su parte, cumplida al fin la etapa de paternidad activa, tal vez den la batalla por perdida y acepten quién es y cómo es su hijo más difícil. Ahora que ya no tienen la obligación de cambiarlo, están en condiciones de apreciar sus aspectos buenos.

El hijo número uno, el "bueno" desde el principio, puede entonces vérselas con un serio problema. Para preservar su buena reputación, todos estos años ha debido sacrificar algo de su autenticidad, a cambio de seguir recibiendo una evaluación paterna positiva. Para complacer a sus padres o evitar el tipo de críticas y conflictos que suscitaba el hijo menor, el hijo número uno tal vez reprimió su lado más difícil. Y ahora, en el umbral de su verdadera independencia, el hijo "bueno" se siente atrapado por el compromiso de mantener una imagen ideal frente a sus padres. "¡No podría soportar desilusionarlos!" *Una persona suele disminuir su autoestima cuando se niega a sí misma autenticidad a cambio de parecerse a determinadas figuras significativas, suprimiendo su espontánea individualidad: "Odio sentirme incapaz de ser quien realmente soy"* .

La peor parte de ser el hijo "malo" es sufrir desaprobación por ser distinto de los padres. "¿Cómo voy a sentirme bien conmigo mismo si a mis padres no les gusta como soy?" La peor parte de ser el hijo "bueno" es la presión constante para seguir pareciéndose a sus padres y no perder su aprobación: "¿Cómo voy a sentirme bien conmigo mismo si no me permito mostrarles a mis padres muchos de mis aspectos?".

Para eludir cualquiera de las dos trampas, la del hijo "bueno" o la del hijo "malo", los padres pueden tratar la semejanza y la diversidad dentro de la familia como parte de la mezcla humana a que cada hijo tiene derecho. A fin de desarrollar plenamente su individualidad, cada hijo necesita espacio para practicar conductas fáciles y difíciles, para ser a veces el hijo fácil y a veces el difícil. *La autoestima depende en parte de ser valorado por parecerse a los padres, y en parte, de ser valorado por ser diferente.*

7
LA COMUNICACIÓN
Decir lo que pensamos

La forma en que un niño maneja la palabra hablada puede tener un profundo efecto sobre su autoestima. La comunicación es el proceso de enviar mensajes verbales que describen a los demás algo acerca de nosotros mismos; en el proceso, definimos socialmente quiénes y cómo somos. Esa autodefinición es uno de los dos componentes de la autoestima.

La comunicación como el acto de expresarse

Los demás, incluso aquellos que nos aman, necesitan contar con información adecuada y precisa para saber qué estamos *sintiendo*, qué estamos *pensando* y qué hemos estado *haciendo*. Recurrir a terceros para obtener estos datos personales significará en el mejor de los casos, enterarse de oídas, y en el peor, verse obligado a confiar en el chisme. También nosotros estamos sujetos a esa misma dependencia para conocer a los demás. De ahí que en cualquier vínculo es responsabilidad fundamental de cada una de las partes la autodefinición: *darse a conocer* al otro.

"¡Si me quisieras", protesta el chico, "no tendría que explicarte nada para que entiendas cómo me siento!" No; amar sólo aumenta nuestro deseo de conocer. Podemos adivinar, ponernos en el lugar del otro, intuir o imaginar, pero sólo nos informamos verdaderamente cuando el otro nos cuenta. Las personas no leen la mente de los demás.

Entonces, ¿cómo se transmiten los mensajes verbales? *Diciendo lo que uno piensa*, al menos de cinco maneras distintas:

1. Cuando una persona dice lo que piensa, *expresa* los pensamientos y sentimientos que constituyen su experiencia interna. Cuando le preguntan cómo anda en la escuela, el niño responde: "No me eligieron para ninguno de los dos equipos durante el recreo, y me dolió mucho". *Hablar de una situación difícil con otro le permite a una persona sentirse reconocida y apoyada.*

2. Cuando una persona dice lo que piensa, puede *explicar* sus opiniones y sus creencias para afirmar su punto de vista. Al comentar la penosa situación que atraviesa la familia de un amigo, el chico dice: "¡Pienso que está mal que los padres se divorcien!". *Compartir sus opiniones y creencias con otro le permite a una persona dar a conocer su posición.*

3. Cuando una persona dice lo que piensa, puede *preguntar* para entender qué está pasando e indagar para averiguarlo. Un cambio en la vida de los padres motiva al chico a preguntar: "¿Vamos a estar bien ahora que te despidieron del trabajo?". *Solicitar información de alguien le permite a una persona reducir la ansiedad que genera la ignorancia.*

4. Cuando una persona dice lo que piensa, puede *confrontar* un trato que le parece inaceptable y denunciar la injusticia. "¡No es justo que dejes que yo haga todas las tareas y que él no haga nada!" *Objetar lo que se percibe injusto por parte de otro le permite a una persona cuidar sus propios intereses.*

5. Cuando una persona dice lo que piensa puede *resolver* conflictos con los demás. "Quiero encontrar una solución que nos convenga a los dos." *La predisposición a discutir francamente una diferencia con otro le permite a una persona resolver conflictos con los demás.*

Un niño asume la responsabilidad de darse a conocer, a través de estas cinco formas de decir lo que piensa: expresar, explicar, preguntar, confrontar y resolver. Esta comunicación tendrá lugar si el nivel de autoestima del niño le permite arriesgarse a ser definido socialmente como un individuo.

¿Cuáles son esos riesgos?

- Exponerse y tal vez pasar un momento embarazoso.

- Ser insensible y tal vez causar daño.

- Ofender y tal vez motivar la desaprobación.

- Crear desacuerdo y tal vez suscitar conflictos.

- Alejar a los otros y tal vez ser rechazado.

- Parecer demasiado diferente y tal vez ser excluido.

Se necesita coraje para dar una opinión, para desafiar las reacciones del entorno que uno no controla, y para animarse a que a uno lo conozcan. Esta predisposición a hablar y a expresarse en público depende de la autoestima y a la vez puede nutrirla. La alternativa a expresarse es callarse. Esta refleja a menudo una falta de autoestima y también puede disminuirla.

Los peligros de callarse

El haber aprendido a expresarse en el seno de su familia habilita a los niños a comunicarse socialmente con libertad, tanto en los vínculos de la adolescencia como más tarde en los de la vida adulta. Desafortunadamente, el legado opuesto puede afectar a aquellos niños criados en una familia en la que decir lo que se piensa no se ejemplifica, no se alienta o no se permite, o quizás no es seguro. En consecuencia, *el hábito de callarse puede aprenderse.* En el peor de los casos, este condicionamiento inhibe la definición social y disminuye la autoestima.

- En vez de aprender a comunicar su experiencia interior, los niños pueden aprender a abstenerse y retirarse, y a permanecer *callados*.

- En vez de aprender a manifestar sus opiniones y creencias, los niños pueden aprender a anteponer las opiniones de los demás a las propias, y a *no declarar su posición*.

- En vez de aprender a preguntar para averiguar, los niños pueden aprender en cambio a *esperar a que se les cuente* (o que no se les cuente).

- En vez de aprender a autoafirmarse y objetar un trato inaceptable, los niños pueden aprender a *aceptar pasivamente* cualquier trato que reciban.

- En vez de aprender a confrontar diferencias significativas, los niños pueden aprender en cambio a conceder y *evitar el conflicto*.

Como consecuencia de este entrenamiento, los niños no sólo pueden abstenerse de definirse frente a los demás, disminuyendo su autoestima, sino que pueden someterse socialmente a un costo muy alto: corren el riesgo de vivir demasiado en los términos que fijan los demás y muy poco según los propios valores. En casos extremos, esta adaptación social conduce al niño a la indefensión, y lo torna vulnerable a la *explotación* (permitir que se aprovechen de él reiteradamente) y a la *victimización* (permitir que lo lastimen reiteradamente).

Cómo alentar a un hijo a hablar

Hay tres pasos sencillos que pueden ensayar los padres:

1. *Muestre cómo se hace* (Los padres que diariamente dicen lo que piensan y lo que sienten, suelen tener hijos que aprenden a hacer lo mismo).

2. *Brinde su apoyo* (Los padres que dedican tiempo a escuchar con atención e interés lo que se dice, suelen tener hijos que procuran que los demás los conozcan).

3. *Dé seguridad* (Los padres que se cuidan de criticar, ridiculizar o emplear el sarcasmo cuando un hijo se comunica, suelen tener hijos que no temen expresarse).

Naturalmente, es preciso enseñar a los niños algunas pautas para expresarse adecuadamente, sin acaparar toda la atención (querer "protagonizar la escena", por ejemplo) ni decir cosas que tengan un efecto abusivo (usar la palabra deliberadamente para lastimar).

Cómo disuadir a un hijo que se calla

Si bien no es factible que los padres fuercen literalmente a comunicarse a un niño que permanece siempre callado, sí pueden responsabilizarlo por no darse a conocer y explicarle las consecuencias de no hablar.

- "Si no *expresas* tus emociones, no pueden adivinar lo que te está pasando y tal vez actúen sin tener en cuenta lo que estás sintiendo."

- "Si no *explicas* tu punto de vista, no pueden saber lo que estás pensando, y tal vez asuman que no tienes ninguna opinión definida."

- "Si no *preguntas*, no pueden adivinar lo que quieres saber, y no te darán la información que necesitas para entender."

- "Si no *confrontas* conmigo cuando sientes que te estoy tratando mal, no puedo saber cuándo mi conducta es ofensiva y, por lo tanto, no corregiré lo que tú deseas."

- "Si no me dices que *estás en desacuerdo* respecto de algún tema, no puedo saber que hay un conflicto y no intentaré solucionar el problema como quisieras."

El niño tímido es un niño que se calla, sacrificando su autoestima y evitando su autodefinición social. Sus pares suelen creer que se niega a hablar por un sentimiento de superioridad, una de las formas comunes en las que se malinterpreta a los chicos tímidos.

Aunque puestos a elegir, algunos padres prefieran un hijo dócil a uno frontal en su comunicación, *la actitud de expresarse y la definición social resultante suelen promover mucho más la autoestima en los niños de lo que la promueve el callarse.*

Un padre podría decirle a un hijo socialmente introvertido: "No hay nada malo en sentir timidez, pero comportarse como tal sólo empeora las cosas". Al mismo tiempo, los padres también deben apreciar y elogiar una valiosa destreza que poseen muchos niños tímidos: a menudo han aprendido a *escuchar* muy bien.

8

LA CORTESÍA
El valor de las pequeñas cosas

Al final de la jornada, una maestra de la escuela primaria se hace un tiempo para preguntar a los alumnos si de alguna forma se sintieron heridos por algo que ella o sus compañeros hicieron; si bien en su momento el hecho pudo parecer demasiado trivial para comunicarlo, tal vez fue doloroso y no es bueno seguir ignorándolo. A continuación incluimos algunas de las respuestas:

- "No me diste permiso cuando quise decir algo."

- "Le presté un lápiz a mi amiga y ni siquiera me dio las gracias."

- "Nadie se fijó en el dibujo que hice hoy."

- "Se me adelantó en la fila sin pedir permiso."

- "Se rieron de mí, pero yo lo decía en serio."

- "Nadie me guardó un lugar en la mesa del comedor."

- "Ayer mi amigo me pidió un peso y hoy no me lo devolvió."

- " Cuando empecé a hablar me interrumpieron."

- "Di ideas pero nadie escuchó."

- "En el recreo nadie me pasó la pelota."

Lo pequeño es grande

¿A qué apunta la maestra al discutir estas pequeñeces? *La respuesta es a la descortesía, esos pequeños actos diarios de insensibilidad que significan algo muy grande: falta de cuidado, consideración y respeto por el otro.* Ella está procurando que los chicos aprecien el valor de practicar la cortesía en el trato mutuo.

La cortesía incluye pequeños actos de consideración que significan mucho. Cuando a uno lo escuchan, por ejemplo, uno siente que tiene algo *valioso* que decir. Escuchar puede significar interés. Si le elogian un dibujo, uno siente que realizó algo digno de ser valorado. Los elogios pueden significar aprobación. Si le agradecen un favor, uno se siente digno de recibir gratitud. Recibir agradecimiento puede significar apreciación.

De la misma manera, uno se siente *descuidado* si no lo escuchan. No recibir elogios puede interpretarse como rechazo. Cuando a uno no le agradecen, siente que lo que hace se da por descontado. A eso apunta la maestra: a los pequeños actos de consideración que todos los alumnos pueden identificar y que significan mucho cuando se practican y cuando se niegan. Dado que esta consideración estimula a una persona a sentirse bien consigo misma cuando la recibe, y mal cuando no se le brinda, el tratamiento cortés tiene un profundo impacto en la autoestima. Por sobre todo, es una elección personal tratar a los demás con cortesía.

Por qué es importante la cortesía en el hogar

Lo que vale para la escuela tiene aún más peso en el hogar. Las pequeñas gentilezas que se practican entre los miembros de una familia contribuyen en gran medida a la calidad de la convivencia. Por cierto, el buen manejo de los grandes temas como el conflicto, el cambio y las crisis es importante para el bienestar de todos, pero mientras estos desafíos son ocasionales, las pequeñas elecciones cotidianas en cuanto al trato mutuo influyen constantemente en la noción de autoestima de todos.

Al respetar a sus hijos en las pequeñas cosas, los padres los estimulan a creer en su valor personal, porque son dignos de ser bien tratados. *La forma en que se trata a un niño influye mucho en cómo aprende a tratarse a sí mismo, y a tratar a los demás en retribución.*

Las grandes cosas no son suficientes

Suele ser un error suponer que es suficiente brindar a los hijos grandes cosas. Absortos en sus intereses cuando no están con sus hijos, o impacientes y exigentes cuando se están ocupando de ellos, los padres pueden pasar por alto las gentilezas en el trato cotidiano, reservando las muestras de delicadeza para ocasiones especiales. Sin darse cuenta, están enviando mensajes potencialmente dolorosos: el niño no es digno de buen trato, a menos que la ocasión sea lo suficientemente especial. "¿Por qué no puedes portarte conmigo todos los días como lo haces en el día de mi cumpleaños?"

O bien imagine la siguiente escena. A la noche, durante la cena, un padre cansado de lidiar pacientemente durante toda la jornada con las quejas de la gente, critica sin cesar a sus hijos por sus modales en la mesa, o por mascullar en vez de hablar claramente. En eso suena el teléfono; el padre responde, adoptando en el acto un tono amigable, animoso y servicial. "¿Quién era?", pregunta uno de los hijos cuando el padre cuelga. "No lo sé", responde el padre de manera cortante. "Alguien nuevo en la oficina. Ahora sigan comiendo y no pierdan el tiempo". Y entonces el hijo plantea otra pregunta, más reveladora: "¿Cómo puede ser que trates a un extraño mejor que a nosotros? ¿Quién te importa más?."

48

A veces los padres adoptan la costumbre de comportarse con más amabilidad en sus vínculos externos, en particular en el ámbito del trabajo, que con sus hijos en el hogar. Sin embargo, las relaciones laborales son contractuales —implican proveer servicios a cambio de dinero— mientras que las relaciones familiares son una cuestión de amor. Es de esperar que el padre haga una pausa para pensar, cuando el hijo le plantea esa pregunta.

Ejemplificar y enseñar: cómo ser retribuido con cortesía

Los padres que deseen ser tratados con consideración por sus hijos, deben ejemplificar ellos mismos ese comportamiento. De esta forma, después de rezongar una hora para que su hija de trece años ordene su cuarto, la madre finalmente encuentra la tarea cumplida; aunque tiene ganas de seguir protestando, frustrada por la demora, dice en cambio con amabilidad: "¡Bueno, ya era hora! Gracias por ordenar. Tu cuarto quedó muy lindo". La apreciación y el elogio de un padre cansado, que insistió hasta vencer la rebeldía adolescente, retribuyen al hijo por haber hecho lo que se le pidió.

Los padres que quieren ser tratados con consideración por sus hijos también deben enseñarles acerca de las cortesías diarias que son importantes para ellos. Así, cuando un hijo toma algo prestado sin pedir permiso, le hacen saber que ello se siente como una falta de respeto. Le solicitan que en el futuro tenga la amabilidad de pedir, y el chico accede.

Ejemplificando y enseñando la cortesía en el hogar, los padres muestran claramente a sus hijos que en el trato mutuo de todos los días, las pequeñas cosas pueden significar mucho para la estima de cada uno.

9

EL CONFLICTO
Luchar para preservar la autoestima

El conflicto *no* es un signo de que algo anda mal en una relación. No es un problema. Es un proceso funcional que permite a las personas identificar, encarar y resolver las diferencias humanas inevitables que surgen entre ellas. En las familias, los conflictos son parte de la dinámica de la vida diaria, bajo la forma de preguntas cuyas respuestas se confrontan permanentemente.

- Los padres pueden diferir en cuanto a la *cooperación*. ¿Quién asume cada rol? ¿Cómo se comparte la responsabilidad de la supervisión?

- Los padres pueden estar en desacuerdo con los hijos respecto del *control*. ¿Quién define las reglas? ¿Quién está en lo correcto en cuanto a cómo hacerlo?

- Los hijos pueden estar en desacuerdo por una cuestión de *competencia*. ¿Quién va primero? ¿A quién le dan más?

- Los hijos pueden estar en desacuerdo con sus padres en cuanto a la *conformidad*. ¿Quién impone a quién el estilo de vida? ¿Hasta qué punto hay que adaptarse a la familia?

Mientras haya diferencias humanas individuales, y siempre las habrá, persistirá el conflicto entre los miembros de una familia. Por lo tanto, dado que es inevitable la existencia de desacuerdos, los padres deben considerar: "¿Cómo debemos manejarlo?". La respuesta sana es: "De modo tal que no lastime la autoestima de nadie".

Cómo el manejo del conflicto puede herir la autoestima

El conflicto puede ser una experiencia emocionalmente perturbadora, cuando produce *frustración* derivada de la oposición, *enojo* por la frustración e incluso *temor* al enojo. Cuando cualquiera de estas emociones rige lo que se dice o lo que se hace durante el conflicto, el impulso del momento puede llevar a una persona a infligir un serio daño a la autoestima del otro. *Cuando no se controlan las emociones en un conflicto familiar, la impulsividad puede provocar un efecto destructivo.*

Cada vez que un miembro de la familia agrede a otro verbal o físicamente durante un conflicto, con la intención de ganar a toda costa o de lastimarlo, se destruye un voto esencial de confianza: *la seguridad garantizada por el amor.* Siempre que los miembros de una familia actúen partiendo del amor que se profesan, cuidarán de no hacerse daño mutuamente. No obstante, si las partes se alteran momentáneamente durante el conflicto, pueden descuidarse y comportarse de manera destructiva.

Para las personas en general, y para los niños en particular, ser amados por aquellos cuyo amor más se valora es una fuente vital de autoestima: "Me siento bien conmigo mismo porque mis padres me aman". La pérdida temporaria de este reaseguro amoroso, como lo es una falta de cuidado paterno durante el conflicto, puede resultar un golpe muy duro: "Me dolió muchísimo que me pegaras ¡y que me dijeras que ojalá no me hubieras tenido nunca!".

Una herida de este tipo puede lesionar las dos fuentes de autoestima de un niño. Daña la autodefinición: "Perdí el amor de mis padres". Y daña la autoevaluación: "No merezco más el amor de mis padres". Después de calmarse y de reconocer el daño provocado por la acción y el discurso airados, el padre puede disculparse y tratar de revertir su acción. La historia, a pesar de todo, tiene buena memoria. Una vez dichas, las palabras no pueden borrarse, como tampoco se puede aliviar el ardor de una bofetada.

Entre padres e hijos

- Las diferencias son inevitables.

- Los conflictos son ineludibles.

- Pero *no así la violencia.*

El manejo del conflicto puede controlarse, ya que es una cuestión de elección. Depende de los padres dar el ejemplo, enseñar y sentar las pautas para manejar el conflicto de modo de respetar la autoestima de todos. Pueden lograrlo teniendo presente que el conflicto no es algo que les ocurre con sus hijos, sino algo que deliberadamente hacen con sus hijos. Es intencional, no accidental. Y es cooperativo: se requieren dos para entrar en conflicto, pero uno solo para concluirlo. "Supongamos que se organice una guerra, pero nadie o sólo uno participa." Motivar y mantener el conflicto es una elección responsable de los miembros de la familia.

En cuanto a la prevención de la violencia, el control físico es la parte más fácil, ya que la violencia familiar no es mayormente física. Recuerde esta adivinanza: "¿Qué tienen en común los humanos y muchos otros animales cuando entran en conflicto?". Respuesta: "Todos pelean con la boca". Las palabras airadas suelen ser el recurso de elección en los conflictos humanos, y constituyen el arma más contundente en las desavenencias familiares. A medida que crece la intensidad emocional, aumenta la probabilidad de recurrir a palabras hirientes, para defenderse o atacar. De manera que deben existir reglas familiares que mantengan la conducta dentro de límites respetuosos durante los conflictos.

Reglas para discutir, que ayudan a preservar la autoestima

1. *No perder de vista las prioridades.* Dado que el conflicto puede ser una experiencia emocionalmente perturbadora, la prioridad no es dirimir el tema en cuestión, sino más bien lograr que las dos partes monitoreen su intensidad emocional, refrenándola de modo que sea el juicio y no el impulso lo que rige la interacción. El proceso siempre es más importante que el resultado, pues está en juego la preservación de un vínculo amoroso. Ganar una pelea dañando al otro miembro de la familia es, en última instancia, autodestructivo, ya que algo de la confianza depositada en el vínculo se pierde, al menos para la parte lastimada.

2. *La seguridad primero.* Nunca se usará el conflicto como excusa para hacer daño a otro miembro de la familia. El conflicto familiar es sólo una forma de aclarar diferencias y resolver desacuerdos sin que nadie salga lastimado.

3. *Acuerdo de transgresión.* Si alguien en el curso del conflicto se siente amenazado o herido por lo que la otra persona dijo o hizo, entonces el tema en conflicto se hará a un lado. La violación de la seguridad debe tener máxima prioridad, para ser discutida y corregida antes de retomar el motivo original de la discusión.

4. *Alejamiento y regreso.* Si al monitorear su estado emocional, alguna de las partes se ve en peligro de "descontrolarse" y hacer o decir algo que más tarde pueda lamentar, esa persona tendrá el derecho de retirarse y calmarse. Este derecho, no obstante, implica aceptar la responsabilidad de fijar un período acordado por ambas partes para volver a abordar el conflicto, una vez recuperada la sobriedad emocional.

5. *Lealtad.* Como la frustración y el enojo pueden convertirse en enemigos momentáneos de los sentimientos amorosos, debe asegurarse claramente que ningún desacuerdo romperá el compromiso de cuidar al otro, o hará que alguna de las partes desista de la relación.

6. *Hablar y callarse la boca.* No importa cuánto se conozcan las partes, ninguno tendrá que leer la mente del otro para saber qué siente, piensa o desea. Cada uno se hará cargo de expresarse y de dar a conocer su experiencia, sus deseos y sus opiniones. Esta responsabilidad conlleva otra adicional: la de callarse la boca y escuchar cuando el otro habla, esforzándose por entender el punto de vista opuesto, en vez de negarse a oír porque uno ya tomó posición.

7. *No emplear calificativos.* Como la frustración en un conflicto suele arrastrar a los involucrados a hacer un uso más abstracto del lenguaje y a ser menos específicos, es fácil recurrir a los calificativos: "¡No estás siendo razonable!" "¡Bueno, tú no estás siendo respetuoso!". En vez de apelar a los insultos, es mejor concentrarse en el motivo específico del desacuerdo: ¿qué es exactamente lo que cada parte quiere que ocurra o que no ocurra? Los calificativos jamás resuelven un conflicto, sólo lo reavivan.

8. *No tomárselo a risa.* Al desafiar a un padre por una diferencia y enfrentar a un adulto tan poderoso, el niño suele poner en juego su autoestima. Por lo tanto, los padres deben tratar seriamente el conflicto con su hijo, sin caer en la risa intencional o nerviosa. Esa conducta excluye y descalifica al niño, que termina humillado y enojado.

9. *No imitar al otro.* El conflicto fomenta la imitación, induciendo a las partes a utilizar las tácticas más efectivas del otro. Por ello, cada persona debe tratar de ejemplificar el comportamiento constructivo con el que desea in-

teractuar. Ninguna de las partes debe adoptar conductas destructivas por la simple razón de que el otro las está empleando. En cambio, esa conducta deberá revisarse directamente, o en el marco del acuerdo de transgresión.

10. *No arrastrar conflictos.* Si como consecuencia de un conflicto previo, alguna de las partes carga con una ofensa no resuelta ("Todavía estoy enojada por nuestra última pelea") o ansiedad ("Me da miedo la próxima pelea"), entonces es mejor ventilar ese enojo o preocupación y evitar que agrave el conflicto siguiente.

11. *La intimidad como meta.* Trate el conflicto como una oportunidad para que ambas partes se conozcan mejor, trabajando sobre sus diferencias en la relación. Considere esas diferencias no como barreras que separan a las personas, sino como puentes que al crear entendimientos y acuerdos unen más íntimamente a las partes.

10

LA CORRECCIÓN
Elecciones y consecuencias

Recibir un reto de sus padres, por mal comportamiento, puede ser duro para la autoestima de un niño, ya que implica sufrir la desaprobación de aquellos a los que más quiere complacer. A pesar de todo, tal como ocurre con el conflicto, la disciplina paterna es imprescindible en alguna medida, dado que los errores, los contratiempos y las travesuras son parte normal del proceso de ensayo y error inherente al crecimiento.

Para orientar o encauzar el crecimiento de un niño, suele ser necesario que los padres impongan su autoridad (adoptando una actitud firme en cuanto a lo que debe pasar) o administren diversas formas de corrección (empleando técnicas de manejo que influyan en el comportamiento). Probablemente ninguna de estas acciones será del agrado del niño.

Los padres *imponen su autoridad* de las siguientes formas:

- Poniendo límites: "No puedes hacer eso".

- Planteando exigencias: "Tienes que hacer eso".

- Haciendo preguntas: "¿Dónde estuviste?".

- Confrontando para discutir: "Dinos qué pasó".

- Emitiendo juicios de valor: "Esto está bien, aquello está mal".

Comúnmente, los padres *corrigen,* ejerciendo su influencia de cuatro maneras distintas. Si el chico es receptivo a la explicación verbal o a la instrucción, la primera y la segunda generalmente alcanzan. Pero cuando actuar produce más efecto que hablar, tal vez haya que recurrir a la tercera y a la cuarta.

1. *La guía* es el poder de la persuasión. Aquí los padres fundamentan por qué el comportamiento del niño es inaceptable y cómo hay que cambiarlo. Los padres eficientes son comunicadores incansables (siempre hacen saber a sus hijos cuál es su posición).

2. *La supervisión* es el poder de la insistencia. Aquí los padres repiten una y otra vez, hasta que el chico cede y obedece. Los padres eficientes no se cansan de regañar (y regañar es un trabajo digno: demuestra que los padres no desistirán hasta que se encare el tema en cuestión).

3. *La estructura* es el poder de instaurar reglas penalizando las transgresiones. Aquí los padres fijan límites que marcan el comportamiento aceptable; cuando el niño los traspasa deberá sufrir las consecuencias (habitualmente se le restringe alguna libertad o se le asigna trabajo extra); de esta manera, se obliga al transgresor a pensarlo dos veces antes de hacer otra mala elección la próxima vez. Los padres eficientes procuran que la penitencia sea constructiva (y se aseguran de que el castigo sea adecuado a la ofensa).

4. *El intercambio* es el poder de aprovechar la dependencia del hijo respecto de sus padres. Aquí los padres no dan o tardan en dar algo que el chico desea, hasta no recibir de él lo que solicitaron primero. Los padres eficientes insisten en un intercambio adecuado (para que el chico aprenda a esforzarse y a cooperar tal como sus padres hacen con él).

"Lo saben todo", "me persiguen", "delirios de poder", "chantaje", son algunos de los términos descalificantes que los hijos aplican a estas prácticas paternas correctivas. Por lo general, no suelen agradecerlas ni apreciarlas oportunamente como contribuciones a su bienestar. Pero al fin de cuentas, ser padres no es competir en un concurso de popularidad; a veces, contrariar los deseos de los hijos por su propio bien es simplemente parte de la tarea de ser un padre responsable.

También es preciso poner en juego mucha paciencia y persistencia. Dado que casi ningún niño (o adulto) aprende al primer intento, a veces hay que aplicar varias correcciones sucesivas para modificar una conducta inapropiada o rebelde. Esto no es un problema, sino una realidad que debe aceptarse. "¡Por qué tendremos que repetirte tanto las cosas!", se quejan los padres, frustrados. Porque a menudo no basta con una sola vez.

El reto es crítica suficiente

Recibir un reto de cualquier magnitud implica que el chico, a sabiendas o no, se está comportando de alguna manera que los padres desaprueban. *Es decir que la crítica está implícita en el reto.* A los padres les disgusta algo acerca de cómo el niño está actuando (dejar una tarea inconclusa, romper un acuerdo, infringir una regla), y quieren que deje de hacerlo o lo mejore.

El reto comunica rechazo: "No aceptamos tu conducta y queremos que la cambies". Es deseable que el niño comprenda que este rechazo está dirigido a su conducta y no a su persona. Para ayudarlo a tener presente esta distinción, los padres pueden acompañar el reto con una afirmación: "Que no aprobemos lo que estás haciendo no quiere decir que ya no nos gustes o que no te queramos".

Debemos siempre recordar que cualquier expresión de desaprobación por parte de los padres —y el reto es una de las más comunes— amenaza el componente de evaluación de la autoestima de su hijo. Este elemento se sustenta en parte en el hecho de mantener una buena reputación frente a los padres. Por lo tanto, *cuando se agrega la crítica personal al reto se está creando un doble peligro para el niño.*

En ciertas ocasiones, furiosos por la mala conducta de un hijo, se escucha a los padres emitir declaraciones que pueden causar un efecto devastador en la autoestima del niño: "¡Cómo me desilusionaste!" "¡Nunca te perdonaremos!" "¡Deberías avergonzarte de ti mismo!".

Cada una de estas condenas indiscriminadas propicia una pérdida, en algunos casos irrecuperable, de la imagen del niño frente a sus padres. Esa pérdida, a su vez, hace estragos en la autoestima: "¡Mis padres ya no me respetan más! ¡Me odio por lo que hice!". La crítica paterna no es, en la mayoría de los casos, una buena técnica correctiva. Si hacemos que alguien se sienta mal consigo mismo, no lo estamos motivando a mejorar ("¡Y seguiremos criticándote hasta que mejores!"). La oposición específica generalmente es más eficaz que la desaprobación general. "Estamos realmente en desacuerdo con tu decisión, he aquí por qué, y para que recuerdes actuar de otra manera, la próxima vez deberás compensar la ofensa."

Los ladrillos de la cooperación

Los padres tienden a retar a sus hijos cuando estos no cooperan. Así, alrededor de los tres años de edad, pueden comenzar a construir la cooperación con las siguientes piezas. *Escuchar y prestar atención:* "¿Qué acabo de decirte?". *Prever y predecir:* "¿Qué pasará si eliges hacerlo así?". *Colaboración y tareas de la casa:* "¿Qué prometiste hacer para que yo haga esto otro por ti?". Cuanto más cooperación enseñen los padres, menos deberán emplear el reto.

El reto constructivo

"¡No hagas eso!", "Basta!", "¡Así no se hace!" Estas son las tres fórmulas comunes de reto que suele aplicar un padre frustrado, cuando intenta que su hijo deje de hacer algo incorrecto o tal vez peligroso. Sin embargo, estas órdenes son parcialmente eficaces, en el mejor de los casos. Por cierto, la urgencia con que se emiten comunica desaprobación, pero sólo le dejan al niño una vaga sensación de haber hecho algo "mal".

Una orden negativa tiene, en general, pocas propiedades instructivas. Es mucho más eficaz acompañar el pedido de interrumpir o desistir con:

1. Una *explicación* ("Esta es la razón por la cual te pido que no lo hagas más").

2. Una *alternativa positiva* ("En vez de hacerlo así, déjame que te muestre cómo hacerlo de otra forma").

3. Una *pauta específica* ("Te enseñaré a hacerlo sin lastimarte").

4. Una *respuesta gratificante* ("¡Muy bien, así se hace!").

Neutralizar el reto

Una forma de neutralizar el impacto conflictivo del reto es describirlo como un proceso en el que tanto el padre como el hijo asumen una responsabilidad. Por empezar, los padres pueden declarar que el reto no es una parte placentera de su tarea como padres. Los obliga a expresar su desaprobación frente a la conducta del hijo y a generar una tensión en el vínculo, en el caso de que se aplique una penitencia. También pueden aclararle al niño que ejercen esta acción negativa no en su contra sino a favor de él; no para herirlo sino para ayudarlo; no para complacerse en su autoridad sino pensando en el bienestar de su hijo, por más antipático que resulte. Lo hacen porque parte de la misión de los padres es orientar el crecimiento de sus hijos, influyendo sobre sus decisiones, respaldando lo bueno y oponiéndose a lo malo, y asumiendo la responsabilidad de esa evaluación.

A continuación, los padres pueden explicar por qué el reto es una responsabilidad compartida:

1. *"Nosotros* decidimos las reglas con las que vivirás mientras estés con nosotros."

2. *"Tú* decides si quieres respetarlas o no."

3. *"Nosotros* decidimos cuáles son las consecuencias de respetar o violar esas reglas."

4. *"Tú* decides si optas por las consecuencias positivas y evitas las negativas, obedeciendo nuestras reglas y ahorrándote las penitencias."

Cuando un niño siente que controla las consecuencias de su conducta fortalece enormemente su autoestima: "Puedo optar por conseguir mucho de lo que quiero".

Después de haber administrado una penitencia, y una vez que el niño la ha cumplido, los padres deben asegurarse de *regularizar* la posición del niño en la relación. "Valoramos la forma en que asumiste las consecuencias y no vamos a volver sobre el tema. Ya pagaste por lo que ocurrió. Queremos que sepas que seguimos teniendo una buena opinión de ti, seguimos confiando en ti y, naturalmente, te queremos como siempre." Observemos la *gentileza* (aviso positivo) de los padres. *Agradecen* al niño por cooperar con ellos para borrar la ofensa, reconociendo positivamente tanto su colaboración como la compensación lograda. Llevar a cabo esta restitución refuerza la autoestima: "Hice lo que era necesario para compensar mi falta".

La consecuencia más fuerte de todas

Tal como han aprendido los entrenadores de animales a través de años de práctica, el método más poderoso para dirigir el comportamiento de una criatura en la dirección deseada no es simplemente penalizar los errores, sino recompensar los aciertos. En la tarea de ser padres, este enfoque también da buenos resultados. Cuando el niño hace algo bien, la sonrisa de un padre puede tener muchísima más influencia que un chirlo por hacerlo mal. ¿Por qué?

Los seres humanos son criaturas que anhelan siempre una recompensa. Casi todo lo que hacen está motivado por el deseo de obtener lo que quieren. Los *castigos* enseñan a las personas qué es lo que no debe hacerse, lesionando su bienestar. Las *recompensas* enseñan qué debe hacerse, alentando el aprendizaje. En consecuencia, las *recompensas* refuerzan la autoestima (uno se siente bien consigo mismo) mientras que los *castigos* la deterioran (uno se siente mal consigo mismo). Puestos a elegir, casi todos los chicos prefieren el trato que intensifica los sentimientos de satisfacción consigo mismos, y no aquel que los disminuye.

Las consignas para los padres son:

- No se aferren al castigo como la herramienta más eficaz para influir sobre sus hijos.

- No se concentren exclusivamente en los problemas, ignorando lo que está bien.

- No den lo positivo por descontado; procuren detectarlo y hacerlo notar como forma de recompensa.

Recuerden el ejemplo de los entrenadores de animales, que gratifican continuamente las conductas deseables de sus criaturas, para moldear su comportamiento. Las recompensas de los padres no tienen por qué ser materiales. De hecho, las recompensas vinculares son las más poderosas de todas. Como casi todos los niños quieren "brillar" delante de sus padres, todos los actos paternos de aceptación, atención, apreciación, afecto, aprobación y elogio refuerzan la conducta positiva y afirman la autoestima del niño.

11

~~~~~~

LA AYUDA
Colaborar fortalece la autoestima

¿En qué difiere un niño de un adolescente? Una de las diferencias comunes es su entusiasmo por colaborar en las tareas de la casa. Para un niño de cuatro años, ayudar a los padres es tener la oportunidad de actuar como un grande. "¿Me dejas que te ayude?", suplica la criatura, ansiosa por colaborar. Un hijo de catorce años probablemente rechazará el pedido de ayuda, considerándolo más bien una restricción impuesta por los adultos a su tiempo libre. "¿No puedo hacerlo después?", se queja.

Este ejemplo es sumamente didáctico. Si los padres quieren un adolescente cooperativo, deben comenzar a preparar el terreno mucho antes de que se instale la resistencia adolescente a colaborar (entre las edades de nueve y trece años). Habitúe a su hijo pequeño a que ayude en las tareas de la casa, y le será más fácil conseguir que coopere más adelante. Ya a los tres años, un niño puede ayudar en cosas muy simples: recoger objetos, ponerlos en su lugar, y dar una mano para hacer orden en la casa.

Hay una estrecha relación entre la ayuda que presta el niño y su autoestima; por eso es importante que los padres entiendan de qué manera funciona esa conexión.

Prestar ayuda como acto de poder

La llave para desentrañar el tema complejo de la asistencia, es comprender que esta conducta humana tan común no es tanto la provisión de un servicio o soporte, sino el ejercicio de un poder. Piénselo de esta forma: las personas no piden o aceptan algo de otro, a menos que perciban que este último tiene el poder de hacer algo que ellos no pueden o no quieren hacer por sí mismos. Creen, como mínimo, que quien ofrece ayuda contribuirá con sus propósitos.

Cuando un niño le pregunta a su padre: "¿Puedo ayudarte?", no sólo está buscando la compañía del adulto, sino también la oportunidad de ejercitar el poder de ayudar. ¿Por qué? Porque cuando alguien acepta nuestra ayuda está reconociendo que tenemos algo valioso para ofrecer. *Ayudar refuerza la autoestima afirmando el poder de beneficiar a otro: "Cuando puedo ayudar a otros me siento bien conmigo mismo, porque tengo algo para ofrecer que vale la pena".*

Las retribuciones del acto de ayudar

Son innumerables los ejemplos que muestran cómo un niño desarrolla su autoestima por el hecho de ayudar. El hermano mayor que tiene algo valioso que enseñarle al menor. El pequeño cuya talla reducida es invalorable en el momento de deslizarse debajo de un mueble para recuperar un objeto. El alumno más veterano cuyas palabras valen mucho para el novato, deprimido después de un día difícil en la escuela. El adolescente que cumple valiosas tareas misionales en su parroquia, construyendo viviendas para los necesitados. Incluso el adolescente que accedió a regañadientes a colaborar con la pintura de la casa, y después se siente orgulloso de su contribución.

En lo posible, los padres deberían aceptar de buen grado los ofrecimientos de colaboración, aunque no siempre sea fácil, sobre todo cuando una ayuda inexperta no es productiva ni conveniente. O si los padres están apurados, preocupados por la calidad del resultado o con ganas de hacer la tarea ellos mismos. Pero el niño ignora ingenuamente el sacrificio que está pidiendo: "¿Puedo ayudarte a poner el merengue en la torta? Nunca lo hice". Suele ser muy tentador responder: "Me darás más trabajo; no sabes hacerlo; lo harás mal". *Si los padres rechazan las ofertas de ayuda de un hijo pequeño, pierden oportunidades de reforzar su autoestima y tal vez nunca consigan que coopere de buen grado cuando sea adolescente.*

El reconocimiento social y la autoestima

Los padres que no piden ayuda ni permiten que sus hijos los ayuden (en ambos casos, insistiendo en hacer ellos solos todo el trabajo) reducen las oportunidades del niño de ejercer el poder de ayudar y de afirmar el mérito personal que ello significa. Llevando el caso a un extremo, *un niño que ha tenido la oportunidad de ayudar mucho* crece sintiéndose "capaz", mientras que *un niño al que nunca se le permitió ayudar* crece sintiéndose "incapaz".

Vale la pena considerar esta última frase. ¿Alguna vez escuchó a alguien diciéndole a un joven: *"no sirves para nada"*? ¿Alguna vez se detuvo a pensar cuán devastador es este juicio? ¿Qué nivel de autoestima puede tener un niño al que se considera (y que por lo tanto se considera a sí mismo) "que no sirve para nada"? La respuesta es: muy baja. Por lo tanto, cultive la autoestima de su hijo permitiendo que pueda ayudar, ya sea en el hogar o como voluntario en la comunidad, en la iglesia o en algún proyecto de asistencia en la escuela. *Sentir que uno "sirve para algo" es bueno para la autoestima.*

La autoayuda y la autoestima

Es positivo y fortalecedor ayudar no sólo a los demás, sino también a uno mismo; de ello depende el desarrollo de la independencia, de la autosuficiencia, y en última instancia, de la autoestima basada en la confianza en uno mismo. Por lo tanto, hasta cierto punto, toda ayuda paterna puede interferir con este aprendizaje y fomentar la dependencia del niño.

Cuando un hijo está en dificultades o tiene problemas es natural que los padres quieran ayudar. ¿Y si al precipitarse a socorrerlo le roban la oportunidad de valerse por sí mismo? ¿Qué será lo mejor? La respuesta es: cada vez que quieran ayudar, procuren hacerlo teniendo en cuenta la autoestima del niño y su confianza en sus propios recursos. Pueden practicar este principio enseñando, negociando y rechazando:

- *Enseñar.* Si el niño no sabe hacer algo que necesita, los padres pueden instruirlo mientras lo ayudan, de manera que la próxima vez lo haga por sí mismo.

- *Negociar.* Si el chico pide ayuda para resolver un problema, los padres pueden optar por no colaborar demasiado, diciéndole: "Nosotros haremos esta parte, tú harás el resto".

- *Rechazar.* Si el chico pide ayuda para salir de un aprieto provocado por él mismo, y tal vez reiterado, los padres pueden elegir la respuesta más dura de todas: negarse a ayudar. "Creemos que tenías todos los elementos para saber en qué te metías, y también que tienes todos los recursos para saber cómo salir de esto."

12
EL DINERO
¿Puede comprarse la autoestima?

En una sociedad materialista como la estadounidense, en la que la publicidad, los medios y el mercado conspiran para motivar a los jóvenes a anhelar bienes y experiencias que exceden por lejos sus necesidades básicas, el poder adquisitivo de un niño se convierte en una suerte de poder social. ¿Cómo? Porque la cantidad de plata que se gasta en un niño, y la que un niño tiene para gastar, afectan su definición y su evaluación de sí mismo, su relación con sus pares y sus posibilidades de elección.

En particular durante la adolescencia, ser admitido en un grupo de amigos, pertenecer y mantenerse a su nivel se torna progresivamente importante; el dinero entonces importa cada vez más, ya que contribuye a determinar lo que uno puede permitirse *ver* (entretenimiento), *hacer* (recreación) y *tener* (posesiones). Por ejemplo, disponer o no del dinero para asistir a recitales con amigos, jugar algunos deportes o vestirse con un cierto estilo influyen en la compañía que frecuenta un chico, o en la decisión grupal de integrarlo socialmente. No es de extrañar entonces que la mayoría de la gente joven en este país vincule su autoestima con los bienes materiales y con las experiencias mundanas que puede comprar el dinero.

Considere las distintas maneras en que el dinero puede ser importante en la vida de un niño.

1. *Como un medio de intercambio* negociable por bienes y experiencias, el dinero puede ser empleado tanto para sa-

tisfacer necesidades como para realzar la imagen de sí mismo. "Me gusta cómo me veo con este estilo de ropa."

2. *Como una medida del valor personal*, el dinero puede conferir estatus social cuando la abundancia material equivale al mérito personal. "Todos saben que puedo permitirme lo mejor, y eso me gusta."

3. *Como forma de adquisición*, el modo en que se obtiene el dinero puede contribuir al respeto de sí mismo. "Estoy orgulloso de haber ganado la plata para comprarme el auto."

El dinero y la imagen de sí mismo

Incluso los adultos saben que las posesiones constituyen una declaración personal de su dueño. ¿Por qué si no, les importaría lo que visten, dónde viven, lo que conducen y cualquier otra cosa que posean? Las pertenencias materiales expresan algo acerca de la persona, creando una imagen de ella a los ojos del mundo.

Para el adolescente inseguro, ávido de la aceptación de sus pares mientras se empeña en la búsqueda de su identidad, la cuestión de *la imagen* es muy importante. Quien busca identidad y aceptación está atravesando una etapa vulnerable; de ahí que la forma en que se promociona cualquier producto para la gente joven —creando una imagen social deseable que lo acompaña— explota implacablemente esta vulnerabilidad de los jóvenes. La promesa implícita es: *compra el producto y la imagen será tuya.*

¿Qué imagen? Para los adolescentes, generalmente es una combinación de jóvenes seguros de sí mismos, seductores, sexualmente atractivos, populares, entusiasmados, divertidos, que están usando el producto para sentirse bien consigo mismos. Dado que cientos de mensajes comerciales venden a los niños la misma imagen subyacente todos los días, es natural que la gente joven termine creyendo en el materialismo que le venden. "La felicidad depende de lo que uno tiene"; "Lo que tienes es lo que eres"; "No tener lo que otros tienen es quedarse socialmente afuera."

La tarea de los padres será procurar que el niño construya una imagen positiva de sí mismo que no dependa básicamente de tener las cosas "de moda" que compra el dinero. Para ello será menester clarificar las confusiones más comunes, aportando una *perspectiva independiente*.

- A pesar de lo que se induce a los niños a creer, la imagen no es la realidad: "Cuando compras algo, lo único que obtienes es el producto; la imagen sólo se creó para venderlo".

- A pesar de lo que se induce a los niños a creer, las cosas no hacen a las personas: "Las posesiones no hacen de ti lo que eres; son sólo objetos que te pertenecen".

- A pesar de lo que se induce a los niños a creer, comprar algo no equivale a mejorar como persona: "Como mucho, al comprar añadirás otra cosa a lo que tienes, pero nunca te convertirás en una persona mejor de la que eres".

El dinero y el mérito personal

Casi todos los niños en los Estados Unidos, aun los más favorecidos económicamente, crecen materialmente carenciados. ¿Cómo se explica esto? Porque así lo determinan ciertas realidades de nuestra sociedad de consumo.

1. Las modas cambian a un ritmo tan veloz que ningún chico puede estar al día en todas.

2. Hay demasiados productos para que un chico pueda comprarlos todos.

3. Siempre hay alguien que sabe algo más, o que tiene algo mejor o distinto de lo que el chico tiene.

De estas tres realidades surge una sensación de *carencia relativa*, al hacer comparaciones que fomentan en la gente joven distintos grados de insatisfacción. Sufren sintiendo que: "Como no tengo tanto como los demás, no tengo lo suficiente".

Por añadidura, los chicos reciben otro mensaje acerca del dinero, al ver que se trata de manera diferente a los ricos y a los pobres. La posición social y las prerrogativas de una persona suelen estar ligadas con sus medios económicos. A partir de esta desigualdad, los niños concluyen fácilmente que: "Fortuna es igual a mérito". Al sumar su sensación de carencia relativa a la observación de que el dinero significa mérito personal, los niños terminan elaborando las siguientes conclusiones:

- "Si tengo menos que, no soy tan bueno como."

- "Si tengo tanto como, soy igual que."

- "Si tengo más que, soy mejor que."

El desafío que deben encarar los padres es ayudar al niño a distinguir entre el mérito personal y el valor del dinero o lo material:

- "Si la forma en que valoras tu persona depende de cuánto dinero tienes, entonces no le estás dando mucho valor al ser humano que eres en esencia."

- "Si tu felicidad personal depende de tener más y mejores posesiones materiales, cada vez tendrás menos capacidad para satisfacerte interiormente."

- "Si necesitas tener algo que los otros desean para llamar su atención, entonces es probable que esa atención no valga la pena."

• "Si los amigos te eligen por lo que tienes, entonces su amistad no debe valer mucho."

El dinero y el respeto por uno mismo

Veamos cinco fuentes de las que el niño puede obtener dinero para comprar algo que desea: regalo, asignación, ahorros, ganancia o préstamo. Cada una de estas fuentes encierra el poder de reforzar de algún modo la autoestima a través del respeto de sí mismo.

1. Para el niño, el dinero recibido como *regalo* puede significar que sus padres lo consideran capaz de gastar sumas discretas de manera responsable (de lo contrario, no permitirían el regalo).

2. El dinero de la *asignación* puede significar que ahora tiene edad suficiente para aprender a administrar una suma regular de dinero, que podrá ir aumentando en la adolescencia hasta cubrir algunos gastos diarios básicos.

3. El dinero *ahorrado* puede significar que ha sido capaz de ejercer suficiente autocontrol para no gastar la plata impulsivamente, y obtener a cambio algo de un valor financiero sustancialmente alto.

4. El dinero *ganado* puede significar que tiene el poder de generar un ingreso propio, mediante un trabajo ocasional, de dedicación parcial o completa.

5. El dinero *prestado* puede significar que es capaz de cumplir un pacto con sus padres o amigos, devolviendo el préstamo en el plazo convenido.

Como estas cinco formas de obtención de dinero contribuyen a acrecentar el respeto de sí mismo, los padres pueden alentarlas cuando, a su criterio, afirmen la autoestima de su hijo.

Poner límites

Los padres se esmeran por ser buenos proveedores de sus hijos y satisfacer sus deseos; puede ser difícil entonces poner límites en cuanto al dinero y afrontar la consiguiente desilusión del niño. Peor aún, puede ocurrir que los padres sientan que están afectando la autoestima de sus hijos si no les dan suficiente dinero o aquello que se compra con el dinero. Pero no hay por qué dejarse llevar por la culpa; he aquí algunas recomendaciones que vale la pena tener en cuenta:

1. No le dé a su hijo más de lo razonable en función del presupuesto de todo el conjunto familiar.

2. No compita para darle a su hijo tanto como sus amigos le dan a los propios.

3. No se culpe por darle a su hijo menos de lo que insiste en recibir.

4. No disminuya la autoestima de su hijo, dándole cosas para realzar la imagen de sí mismo.

5. No le compre cosas a su hijo para compensar el tiempo y la atención que no le ha brindado.

6. No le compre cosas a su hijo, para ayudarlo a manejar u olvidar el aburrimiento, el descontento o cualquier otra aflicción.

7. No le dé a su hijo demasiado, ya que comenzará a valorar a sus padres en función de la cantidad o el precio de lo que recibe (juguetes, por ejemplo).

8. No le dé a su hijo en exceso, con expectativas desmedidas de retribución, para enojarse después porque no le agradece lo suficiente

13

~~~~~~

LA CREATIVIDAD
La imaginación puede nutrir la autoestima

La creatividad es el proceso mental por el cual una persona inventa maneras nuevas y distintas de pensar y hacer las cosas. En cada acto creativo se afirma algún interés, se perfecciona alguna capacidad y se expresa alguna individualidad. Por ejemplo, se concibe una idea o se resuelve un problema. Se inventa un juego, se reorganiza un espacio, se elabora una estrategia, se propone una fórmula o se escribe una historia. Se plantea una teoría, se compone un poema, se pinta un cuadro, se escribe un programa de computación, se elabora un proyecto no convencional de negocios o se descubre una nueva variante o aplicación de algo ya existente. Aunque la sociedad suele ser la beneficiaria final de estos y otros actos de innovación, son los creadores quienes cosechan la recompensa más inmediata: *fortalecen su autoestima al expresar su originalidad a través del proceso creativo.*

¿Por qué? Porque al participar de un trabajo o de un juego creativo, la persona se está valorando como un recurso digno de ser cultivado. Por lo general, durante el proceso creativo uno se absorbe en sí mismo para crear, se satisface con la expresión creativa y se fortalece con el resultado. Los niños, por ejemplo, suelen enorgullecerse mucho de sus creaciones: "¡Mira lo que puedo hacer!"; "¡Escucha lo que inventé!"; "¡Yo te muestro cómo hacerlo de otra manera!"; "¡A que nunca se te ocurrió esto!".

Hay estímulos y respuestas muy eficaces que los padres pueden ensayar para favorecer la creatividad en sus hijos:

74

- Pueden *estimular* la imaginación de un hijo pequeño jugando al "como si". Pueden leerle historias y exponerlo al mundo maravilloso del arte y la invención. Pueden hacer y construir cosas con él, proponiendo una amplia gama de juegos que empiecen con frases como: "Hagamos de cuenta que"; "Imagina que"; "Supongamos por un momento"; "Veamos qué pasa cuando"; "Probemos algo diferente"; "Qué tal si".

- Pueden *responder* actuando como una audiencia interesada que aprecia y confirma el valor de la creación. Es común que los chicos, poniendo a prueba la paciencia de los padres, insistan en mostrar repetidamente una gracia o una destreza hasta agotar el placer de la exhibición: "¡Mírame otra vez!".

La creatividad es una declaración tan personal de la propia individualidad, que suele ser muy vulnerable a la desaprobación y a la crítica, sobre todo paternas. Por lo tanto, si los padres quieren nutrir en sus hijos esta poderosa fuente de autoestima, deberán mostrar interés y aceptación, en vez de desatención y rechazo.

¿Quién es creativo?

Es importante recordar que la creatividad no es un proceso reservado a una elite de talentosos. Es para *todos* los niños. Está al alcance de todos. "Todos los niños traen al mundo, en grado variable, el don de ver la vida y responder de manera original. Mucha gente concibe la creatividad en función de las grandes obras de arte, de la música, la literatura o la ciencia. Pero solemos pasar por alto que la creatividad que florece en las pequeñas cosas es tan auténtica como aquella que se expresa de modos grandiosos. La magnitud de la creación es mucho menos importante que el beneficio que le reporta al niño en términos de su autoestima."

El enemigo de la creatividad

La creatividad suele sacrificarse en aras de la *aceptación social*, ya que la originalidad puede separar a un chico del grupo. En consecuencia, una diferencia creativa en el pensamiento o en la expresión exponen a una persona a la incomprensión, a la crítica, al ridículo o al rechazo, por no coincidir con lo que habitualmente se pacta, se practica y se acepta.

Así, un chico puede expresar ante sus padres un punto de vista alternativo y ser *desaprobado* por ello; puede cuestionar la explicación de una maestra y ser *reprendido* por desafiar la autoridad establecida; o puede mostrar un interés inusual y ser *objeto de burlas* por parte de sus compañeros, quienes lo tratan de "raro", lo que desemboca en una *inhibición expresiva*.

La *inhibición expresiva* es muy común en los niños; los obliga a desistir de ciertos tipos de expresividad saludable, por miedo a parecer tontos a los ojos de sus pares, o porque tal vez ya han sufrido esa experiencia. "No puedo cantar"; "No puedo bailar"; "No puedo dibujar." Son las tristes conclusiones que resultan de penalizar socialmente una expresión creativa de la propia individualidad, riéndose del niño, desairándolo, retándolo o burlándose de él.

Cuanto más creativo es un niño, menos se ajustará a la norma social. Yéndose al extremo, un chico puede decidir "marchar al son de otra música" sin importarle lo que los demás piensen. Para fortalecer la autoestima de estos obstinados individualistas, los padres deberán ayudarlos a conciliar la necesidad de "seguir la corriente" (obedecer las exigencias normales de reglas, rutinas y responsabilidades) con aquella de "hacerlo a mi manera" (respetando la necesidad creativa de expresar lo que es único en cada uno).

El rol de los padres

Dado que la creatividad se nutre de la exploración y la expresión de los recursos interiores, los padres pueden estimular a sus hijos, de muchas maneras adicionales:

- Dándoles tiempo para jugar libremente, no sólo para participar de entretenimientos organizados.

- Previendo que pasen cierto tiempo entreteniéndose solos, sin depender de una diversión externa, en particular de los juegos electrónicos pasivos.

- Cuidándose de criticar o de desalentar una forma de expresión que no entienden.

- Mostrando interés en sus inquietudes, aunque no coincidan con las propias.

Dentro de los límites del tiempo, la energía y el dinero de que disponen, los padres pueden apoyar experiencias de aprendizaje extracurriculares, gracias a las cuales el niño tenga la oportunidad de cultivar lo que le encanta hacer.

14

LA CAPACIDAD
Aprender a afrontar obstáculos
fortalece la autoestima

La actitud de *desistir prematuramente* es enemiga de la autoestima y tiende a adoptar dos formas comunes: darse por vencido y echar la culpa. En ambos casos, el niño resigna su poder por decisión propia.

Rendirse

"¡Me resulta inmanejable!"; "¡Esto es demasiado difícil!"; "¡Ya no se puede arreglar!"; "¿Qué sentido tiene probar?"; "¡Nunca aprenderé!"; "¡Esto es imposible!"; "¿Para qué molestarse?"; "¡Yo no puedo hacer nada!" *Darse por vencido* sólo genera sensaciones de impotencia. El niño se frustra por no poder dominar o corregir alguna cosa y desiste de su esfuerzo.

Si nos negamos a aceptar un desafío o a influir sobre el curso de algún hecho desafortunado, admitimos la derrota antes de haber comenzado la pelea. Al asumir esta actitud tan impotente frente a la adversidad, el niño adopta el rol de víctima y *socava su autoestima*.

Cuando un niño cree que no tiene sentido probar si las probabilidades de éxito son muy bajas, los padres pueden aducir: "Es verdad. Tu esfuerzo no te asegurará el resultado que deseas. Pero te dejará la satisfacción de saber que hiciste todo lo posible. Y no te quedarás pensando qué hubiera pasado si al menos lo hubieras intentado".

Echar la culpa

Y también está el recurso igualmente debilita[...] *le la culpa* a alguien o a algo, para negar toda res[...] en lo que ocurrió. "¡No es mi culpa!"; "¡Ellos c[...]"; "¡Ellos son el problema, no yo!"; "¡Siempre me tratan injustamente!"; "¡Los demás siempre tienen suerte!"; "¿Por qué todos me persiguen?"; "¡Para empezar, si no me hubieran descubierto no estaría en problemas!"

Mientras el chico siga creyendo que el infortunio que sufre es culpa de algún otro, no tendrá la opción de corregirse o de recuperarse de aquello que está funcionando mal; sólo cuando asuma su cuota de responsabilidad por meterse en problemas, lastimarse o desilusionarse podrá tomar la firme determinación de buscar una salida. A este niño, los padres pueden intentar explicarle: "No admitir la propia culpa suele empeorar los problemas en vez de resolverlos".

Tanto el rendirse como el culpar a otro significa que uno se da por vencido; en los dos casos, dañamos nuestra autoestima al declararnos incapaces de afrontar un problema en nuestra vida.

El antídoto de la rendición

El antídoto de la rendición es *sentirse capaz* de manejar una situación: una forma de encarar los problemas que realza la autoestima. Hay cuatro componentes de esta capacidad que los padres pueden apoyar mediante la instrucción, el estímulo y el ejemplo:

1. *Mantener la actitud de "puedo hacerlo":* "El paso más importante para hacer lo que deseas es creer que puedes hacerlo".

2. *Asumir la responsabilidad:* "Mientras tengas la opción de elegir en la vida, tendrás la opción de cambiarla".

3. *Perseverar:* "Sigue intentando de diferentes maneras y dejarás la puerta abierta a una solución".

4. *Adquirir la destreza:* "Sigue practicando y con seguridad aprenderás a dominarlo".

Qué no hacer con un problema

Una de las premisas más estimulantes para afrontar situaciones adversas es suponer que los problemas no son un problema. Grandes en algunos casos, pequeños por lo general, los problemas son simplemente desafíos inevitables que forman parte de nuestra vida diaria y que ocurren cuando lo que deseamos no es lo que obtenemos. Algo se rompe (pérdida). Un plan se desbarata por un imprevisto (sorpresa). Surge un malentendido (confusión). No nos sentimos o no nos vemos tan bien como quisiéramos (desilusión). Nos bloqueamos o nos sentimos impotentes cuando tratamos de conseguir algo (frustración). ¿Qué debe hacer el niño en estas ocasiones o en otras similares?

En primer lugar, el niño necesitará ayuda de sus padres para resistir la *protesta* emocional, cediendo a expresiones de disgusto en vez de encarar operativamente lo que pasó. "¡Miren lo que hice! ¡No puedo creerlo! ¡Me olvidé de hacer una parte de la tarea y ahora tengo que escribirla toda de vuelta! No es justo! ¡Me dan ganas de abandonar todo y no presentar nada!" *Además de insumir energías y un tiempo precioso, la protesta emocional dispara reacciones de autodescalificación que socavan la autoestima.*

En esta situación, los padres pueden decirle a su hijo que es razonable sentirse molesto y expresarlo, pero que está mal permanecer disgustado y permitir que esos sentimientos le impidan hacerse cargo del problema. *Cuando los problemas normales se viven como catástrofes, suelen surgir las protestas emocionales.*

80

Ser capaz es aprender a resolver problemas

Ya sea que el problema resulte de la acción de un agente externo, de una circunstancia casual, de un error de cálculo o de una equivocación o travesura, los padres deben alentar al niño *a abordar cada problema como una oportunidad de aprendizaje en la vida*. El objetivo no es criar un hijo que nunca hace nada mal, o a quien nunca le sale nada mal, o intervenir siempre para solucionarle los problemas al niño. La meta es criar un hijo capaz, con la disposición y la habilidad de superar obstáculos. Es muy raro que un niño resuelva un problema sin aprender algo que antes no sabía o no podía hacer. Todos los problemas son maestros disfrazados. Y lo mejor de resolver un problema es que *el proceso incluye su propia recompensa:* la sensación de realización y orgullo por haber resuelto satisfactoriamente la situación.

Damos a continuación un modelo simple que sirve para definir un problema y analizar las posibles soluciones.

- Cualquier problema puede ser definido como una declaración de insatisfacción respecto de una *discrepancia* en nuestra vida: "Las cosas no son como yo quiero". Así, para un adolescente, un problema puede ser: "¡Estoy demasiado gordo!".

- Para reducir esta discrepancia, se puede resolver el problema y disminuir el nivel de insatisfacción de cualquiera de las siguientes maneras (o mediante una combinación de ambas):

  - El chico puede modificar las còsas, de suerte tal que respondan a sus deseos. El adolescente "demasiado gordo", por ejemplo, puede perder peso para estar delgado como desea.

- O bien el chico puede adaptar sus deseos a las circunstancias. El adolescente "demasiado gordo", por ejemplo, podría aceptar su constitución robusta y decidir que esa estructura corporal está bien.

He aquí una pregunta que ayudará a sus hijos a resolver problemas: "En esta situación que no te gusta, ¿cuánto puedes cambiar y cuánto debes aceptar porque no puedes cambiarlo?".

Con cada problema resuelto se conquista una cuota de capacidad que fortalece aún más la autoestima. Los padres pueden transmitir a sus hijos una visión más amplia de esta cuestión: "Cada vez que abordes un desafío en la vida, sin darte por vencido ni salir corriendo, mejorarás tu manejo de las situaciones y tu concepto de ti mismo".

15

LA COMPETENCIA
Por qué la autoestima sale ganando

lgunos niños disfrutan las competiciones (concursos, juegos, deportes, debates, exhibiciones, por ejemplo) y otros no. El porqué reside a menudo en actitudes contrastantes frente a tres componentes propios de la competencia:

1. *El conflicto:* la competencia es una experiencia de oposición, que se crea con propósitos de entretenimiento; la meta es ganar y el riesgo es perder.

2. *La cooperación:* la competencia es una experiencia de interdependencia, en la que se requiere colaborar con las reglas, con el oponente, y (en el caso de un juego en equipos) con otros miembros del bando propio para que el juego tenga lugar.

3. *El desafío:* la competencia es una experiencia isométrica, en la que se ponen a prueba las destrezas, tratando de superar la resistencia que ofrece el oponente; cuanto más se esfuerza un bando, más debe esforzarse el otro para prevalecer.

Los riesgos de la competencia

Para algunos niños, los riesgos de la competencia representan una cuota excesiva de incomodidad.

- *Exponerse a que su desempeño personal sea sometido a comparación, bajo alguna forma de escrutinio público:* "¿Para qué medirme con otro, a la vista de todos?".

- *Prepararse para una posible derrota:* "¿Por qué hacer algo que pueda hacerme sentir mal si pierdo?".

- *Tal vez soportar dolor en alguna medida*, ya sea emocional (por la desilusión), social (por la crítica) o físico (por una lesión): "¿Cuál es la gracia de terminar lastimado?".

A estos riesgos se suma el desafío de llevarse bien con la autoridad adulta encargada de preparar al niño o al equipo para la competencia (el instructor, el líder o el entrenador). Ciertas conductas de estas personas suelen ser difíciles de aceptar para un chico. Ellas son:

1. *Directores:* Les dicen a los competidores qué deben y qué no deben hacer.

2. *Correctores:* Señalan a los jugadores qué hicieron bien y qué hicieron mal.

3. *Selectores:* Determinan a quién se le va a permitir jugar y cuándo.

Esta combinación de riesgo y desafío puede desmotivar a algunos chicos, que prefieren actuar según su propio criterio y desarrollar sus habilidades a través del aprendizaje independiente o cooperativo, o bien concentrarse en aquello que disfrutan hacer, explorando y desplegando alguna forma de expresión creativa.

En estos casos, antes de excluir por completo de las competencias organizadas al niño, es útil recordar que *la predisposición a competir es una destreza transmisible.* Después de todo, en el mundo adulto, la gente compite de hecho por diversos tipos de oportunidades como la educación, el empleo y el ascenso en la carrera profesional. Además, en el lugar de trabajo suele requerirse la habilidad de funcionar como miembro de una unidad operativa o de un equipo departamental, bajo las órdenes de un "jefe" con poderes de dirección, corrección y selección.

Sólo por esta razón es muy beneficioso que los chicos participen de actividades competitivas, integrando algún equipo durante un tiempo. Siempre es posible brindarle al hijo que se resiste a participar en competencias, un buen reaseguro y un listado de opciones: "Puedes elegir una sola de todas estas posibilidades. Si después de una temporada no te gusta, podrás hacer otra cosa".

Las recompensas de la competencia

Dados los riesgos y los desafíos de la competencia, *se requiere una cierta cuota de autoestima para estar dispuesto* a competir. Afortunadamente, la competencia brinda retribuciones que compensan esos riesgos y desafíos.

- Está la *diversión*, cuando se disfruta el evento en sí mismo: "Me encanta poder salir a la cancha y jugar".

- Está la *satisfacción* de ejercitar destrezas y luego ponerlas a prueba: "Me gusta mejorar y ver después qué bien juego".

- Está la noción *de pertenecer*, al formar parte de un equipo o de un grupo: "Me gusta la forma en que trabajamos todos juntos".

- Está la *realización* de poner lo mejor de uno, se gane o se pierda: "Me alegro de haberme esforzado al máximo".

- Está la sensación de dejarse llevar por la *intensidad* de la actuación: "Cuando estoy solo frente a mi oponente, realmente me concentro en mí mismo".

- Está la *emoción* de derrotar al rival: "Es espectacular vencer al otro equipo".

Todas estas recompensas son poderosos refuerzos de la autoestima.

Conductas perjudiciales de los entrenadores y de los padres

A la vez que apoyan la participación de su hijo en alguna competencia organizada, los padres deben vigilar la calidad de su compromiso para detectar influencias dañinas, en particular de los instructores y de sí mismos, que pueden lesionar la autoestima del niño.

El entrenamiento y la instrucción para la competencia

Un estilo común de entrenamiento —el entrenamiento punitivo— suele ser sumamente destructivo para algunos chicos, que reaccionan perdiendo el placer de participar y disgustándose consigo mismos. En este caso, el entrenador/instructor /director se autodefine como una autoridad que se hace temer por el daño que puede infligir. Esta persona usa una variedad de tácticas para motivar el desempeño y mantener el control.

- *Las tácticas de intimidación* recurren a la descalificación y los gritos, como si dijeran: "¡Si se atreven a jugar mal, les va a ir peor aún conmigo!".

- *Las tácticas de humillación* utilizan el sarcasmo y el ridículo, como si dijeran: "¡Háganme enojar y verán cómo logro que los demás se rían de ustedes!".

- *Las tácticas de insatisfacción* usan la crítica y la culpa, como si dijeran: "¡No se feliciten, ya que por más que se esfuercen nunca va a ser suficiente!".

Cuanto más exigente es el nivel de la competencia (jugar un deporte en la escuela secundaria no es lo mismo que en la primaria), más expuesto está el entrenador a perder su puesto por una derrota, más inversión de la comunidad hay en juego y más probabilidades tiene el chico de toparse con este estilo de entrenamiento.

Si ello ocurriera, queda a criterio de los padres evaluar cómo influyen estos métodos en el entusiasmo por participar que tiene el niño, y cuán vigorosa es su autoestima. A algunos chicos les va bien con el entrenamiento punitivo; no consideran el trato como algo personal sino como un desafío más que debe superarse, aprovechándolo incluso para fortalecer su determinación de jugar y rendir al máximo.

Sin embargo, si un hijo sufre con este estilo de entrenamiento, y el instructor adhiere al método sin opciones, será mejor buscar alguna otra oportunidad de competir, vinculada con un entrenamiento más positivo. Al fin y al cabo, en un juego se compite por el placer y no por el castigo; para disfrutar y no para padecer; para realzar la autoestima y no para dañarla.

Una advertencia para los padres

Dejándose llevar por la intensidad de la competencia, también los padres pueden perjudicar la autoestima de su hijo. Ya sea como espectadores o como entrenadores, corren el riesgo de comprometerse excesivamente a expensas de su hijo. Pueden incluso emplear el entrenamiento punitivo, particularmente doloroso y destructivo en boca de un padre. O como espectadores, criticar a su hijo a los gritos, o agredir al árbitro de palabra por una supuesta equivocación. En cualquiera de los dos casos, se convierten en un serio estorbo para su hijo y malogran una experiencia que podría haber sido positiva.

Normalmente puede corregirse esta conducta, si los padres se detienen a reflexionar que quien está compitiendo no es una prolongación de su persona, sino su hijo, que no tiene por qué sobresalir para que ellos se luzcan.

16
LAS NOTAS
La prueba de la capacidad

Las notas pueden ser un pilar básico de la autoestima cuando se las valora y se las mantiene en adecuada perspectiva; de lo contrario, pueden convertirse en un detrimento significativo. Es tarea de los padres favorecer el poder afirmativo de las notas, sin permitir que se conviertan en una fuente de presión o preocupación indebidas para el niño.

Por qué importan las notas

Las notas son una prueba concreta. En el colegio, un escenario significativo de los esfuerzos del niño, las notas informan en qué medida el alumno domina una variada gama de tareas y destrezas. Esta devolución es evaluativa y se basa en calificaciones subjetivas, cumplimiento de objetivos y exámenes uniformes a cargo de los maestros. Las tareas escolares son un desafío fundamental en la vida de un niño, siendo las notas una medida de cuán adecuada es su respuesta. Además, tienen más adelante una influencia directa en la movilidad educacional y ocupacional de la persona.

Una de las responsabilidades de los padres es fijarle a su hijo metas, criterios y límites saludables, lo que incluye establecer expectativas razonables en cuanto a su éxito escolar. Partiendo de su íntimo conocimiento del niño, los padres pueden determinar su *capacidad innata* (los talentos y aptitudes intrínsecas) y fijar entonces un nivel aceptable de *capacidad operativa* (el desempeño real) que estimularán al niño a alcanzarlo. Luego establecerán un piso específico debajo del cual no quieren que caigan las notas: "Creemos que poniendo lo mejor de ti podrás al menos conseguir siete en todo; por eso creemos razonable esperar que obtengas como mínimo una mezcla de seis y sietes". Y prometen cooperar si alguna nota fuera más baja: "Si te sacas menos de seis, te ayudaremos a que vuelvas a subir la nota". En cambio, *no* deben emplearse *exhortaciones* del tipo: "Hazlo lo mejor que puedas", "Esfuérzate al máximo", "Aprovecha todo tu potencial". Estas abstracciones no brindan metas medibles, y por otro lado, nadie se desempeña en el nivel ideal (si con suerte se lo alcanza) todo el tiempo; por ello, estas recomendaciones tienden más a amenazar la autoestima que a reforzarla. El niño, además piensa: "¿Cómo voy a saber cuánto es esforzarse al máximo?".

El poder de un informe de calificaciones reside en los datos que ofrece. Es preciso ayudar a un hijo a desarrollar un nivel de desempeño que refleje en términos generales su capacidad académica, sin importar cuál sea esta. Si presionan demasiado al niño ("¡Mis padres nunca estaban contentos con mis notas!") o si no lo presionan lo suficiente ("A mis padres nunca les importó cómo me iba en la escuela") los padres pueden minar su autoestima. En el primer caso, el chico terminará sintiéndose permanentemente insatisfecho consigo mismo, por más que se destaque; en el segundo caso, terminará desvalorizándose y creerá que el esfuerzo no vale la pena.

Mantener las notas en perspectiva

Dice Don Fontenelle, una psicóloga estadounidense: "La mayoría de los padres dice 'hazlo lo mejor que puedas', pero no les gusta ver cincos. Un cincuenta por ciento de los chicos en los Estados Unidos se ubican en el promedio. La probabilidad de tener un 'alumno cinco-siete' es mayor que la de tener un 'alumno ocho-diez'. Para evitar la cuestión de las notas, recomiendo a los padres concentrarse en la actitud de responsabilidad y cuidar que el chico esté cumpliendo con todas sus asignaciones (por ejemplo, tarea para la casa, trabajo en clase, participación). Si el niño hace todo lo que supuestamente debe estar haciendo y es un estudiante ocho-diez, obtendrá ochos y dieces, y si es un estudiante cinco-siete, obtendrá cincos y sietes". Un esfuerzo honesto produce un resultado honesto.

En los últimos años de la escuela primaria y en los primeros de la secundaria, es muy común que los niveles de responsabilidad y esfuerzo de los chicos decaigan, a medida que aparece la baja de rendimiento de la temprana adolescencia. Las notas empeoran cuando las distracciones del desarrollo físico, las actividades sociales y la oposición a la autoridad pasan a primer plano. La primera víctima de esta situación suele ser la tarea para el hogar: el chico "se olvida" de traerla del colegio, miente a los padres diciendo que no tiene tarea, o bien hace los deberes a regañadientes y después "se olvida" de entregarlos.

Si los recordatorios no surten efecto, los padres pueden *supervisar* los esfuerzos intermitentes de su hijo:

- Yéndolo a buscar al colegio y haciendo una recorrida de las clases para asegurarse de que toda la tarea se lleve a casa.

- Estableciendo un lugar neutral (que no sea el cuarto del niño) a salvo de interferencias, donde se complete toda la tarea en un cierto plazo.

- Acompañándolo al colegio y haciendo la recorrida de las clases para asegurarse de que toda la tarea se entregue.

Los chicos que hacen los deberes y los entregan a su debido tiempo, en general demuestran lo que son capaces de hacer en la escuela.

Hay que prestar atención a las notas, pero sin exagerar su importancia. Por ejemplo, hay algunas presuposiciones comunes sobre las notas, que no reflejan necesariamente la realidad:

1. Un hijo que obtiene buenas notas demuestra que tiene buenos padres.

2. Los chicos que rinden bien en la escuela se desempeñarán bien más adelante en su vida.

3. Los chicos que obtienen excelentes calificaciones son aplicados, felices, están bien adaptados y motivados, obedecen las reglas y las leyes, se preocupan por aprender, son maduros y responsables.

Las presunciones que acabamos de señalar pueden ser ciertas o no. Como mínimo, las notas sólo sirven para demostrar cómo un maestro evalúa el trabajo de un alumno respecto de una asignatura en particular, examen, proyecto o cualquier otro tipo de desempeño, promediado en un cierto período de tiempo. Cualquier otra clase de interpretación puede fomentar expectativas ilusorias que terminan pagándose caras: "¡Si mi hijo es un estudiante diez!, ¡no es posible que esté tomando drogas!".

Mantener el amor y las notas en perspectiva

Hay dos actitudes de los padres, de enorme valor para los hijos: *amor y aprobación*. A través del amor, los padres transmiten la aceptación incondicional de su hijo como persona. A través de la aprobación, comunican su *evaluación condicional* basada en la conducta o el *desempeño* del niño. El amor se da. La aprobación debe ser conquistada. Es preciso deslindar claramente estos dos conceptos.

La aprobación no implica amor, como tampoco el amor garantiza aprobación. Por lo tanto, será de utilidad que los padres expliquen la diferencia: "A veces nuestra tarea es antipática, como cuando decimos que no hiciste lo que debías o que no rendiste como hubieras podido. Pero en ningún caso nuestra desaprobación afecta nuestro amor por ti, que seguirá siendo tan fuerte como siempre".

Como las notas son una cuestión de desempeño, están sujetas a la aprobación paterna, pero no deben estar casadas con la aceptación paterna. Los hijos de aquellos padres que no logran hacer claramente esta distinción, suelen creer que las buenas notas están ligadas con el amor paterno. Si te va bien, mereces su amor; si te va mal, corres el riesgo de perderlo. Así, los padres que condicionan su amor al rendimiento y miden el mérito de su hijo (y a menudo el suyo propio) por las notas, privan a su hijo de la autoestima fundada en la convicción de que pase lo que pase, triunfen o fracasen, el compromiso del amor paterno nunca flaqueará ni se pondrá en duda.

El problema de repetir

Cuando un chico repite un grado, se ha tomado la decisión de retenerlo en un nivel, generalmente por una de estas razones:

1. Debido a que no desarrolló las destrezas académicas y el rendimiento (notas) esenciales.

2. Debido a su inmadurez física, social o emocional.

Normalmente se considera que, al repetir un grado, el niño tendrá la oportunidad de volver a ejercitar esas destrezas, o bien la de alternar con niños menores pero con su mismo nivel de madurez. En cualquiera de los dos casos, verse obligado a repetir significa la oportunidad de ponerse al día, mejorar para el beneficio propio y sentirse mejor consigo mismo.

Desafortunadamente, *las investigaciones demuestran consistentemente que, para la mayoría de los chicos de cualquier edad, repetir es contraproducente en lo académico y emocionalmente destructivo.* El impacto negativo es sencillamente mayor que la ganancia.

En su artículo *Síntesis de investigaciones sobre los niños que repiten* (en "Educational Leadership", mayo de 1990, pág. 85) los autores Lorrie A. Shepard y Mary Lee Smith informan: "Los resultados mencionados indican que, al contrario de lo que se cree comúnmente, repetir el grado, en realidad empeora el rendimiento del alumno en los años sucesivos. Este hecho contradice la suposición dictada por el sentido común, de que repetir disminuye la tasa de deserción escolar; de hecho parece más probable que las políticas escolares tendientes a incrementar el número de repeticiones exacerben las tasas de deserción. Las consecuencias negativas de repetir, tanto sociales como emocionales, representan un área especial en la que la sabiduría convencional es consistente con los resultados de la investigación: los chicos siempre han odiado repetir, y los estudios lo confirman".

Muchos de estos chicos se describirán como "perdedores", "repetidores" o "estúpidos", demasiado estúpidos para aprender, por lo que desisten. *Para los chicos de cualquier edad, repetir es riesgoso, pues suele tener un poderoso efecto desmotivador.* Estos niños se quedan atrás, en más de un sentido. No obstante, la promoción social como alternativa obvia, acarrea sus propios infortunios. Al niño se le permite avanzar, para enfrentarlo a un nueva serie de exigencias académicas, aun más difíciles que aquellas que no logró dominar anteriormente.

¿Cuál es entonces la respuesta ideal? Probablemente un compromiso entre la promoción social y la *instrucción suplementaria:* el chico promovido recibe asistencia escolar adicional para ponerse al día y avanzar al ritmo de las nuevas demandas académicas.

17

EL PODER
DE LOS PARES
El impacto de la crueldad social

Entre los nueve y los trece años de edad aproximadamente, el trato entre compañeros de colegio puede ser muy duro para la autoestima de un niño. ¿Por qué? Por los cambios que revolucionan y desestabilizan la vida de chicos y chicas, cuando comienzan a desprenderse de la niñez para ingresar en la adolescencia temprana. Mayormente por causas ajenas a su control y en contra de su voluntad, los adolescentes cambian respecto de como eran y de como estaban habituados a ser, en sus aspectos físicos, emocionales, sexuales y sociales. *Crecer exige renunciar a la vieja identidad, como un costo de admisión a la adolescencia, que todo niño debe pagar.*

En este proceso inevitable, los dos componentes de la autoestima resultan significativamente afectados. La *autodefinición* está cuestionada, debido a todos los cambios inciertos que están ocurriendo. Y la *autoevaluación* se hace más severa a medida que los chicos se comparan desfavorablemente con otros, a causa de sus inhibiciones e inseguridades. Se generan entonces sentimientos de duda e inadaptación. La ansiedad, la pérdida de confianza y la baja autoestima endémicas a esta edad, contaminan las relaciones entre pares en detrimento de casi todos.

La reglas del trato social y de la amistad se alteran dramáticamente, por lo general para peor. Mantener o promover la posición social en la clase se convierte en un recurso básico para compensar los sentimientos de carencia personal, que

cada cual cree ser el único en sufrir. Cultivar tanta popularidad como sea posible (siendo simpático con la gente popular)
y evitar al máximo la impopularidad (tratando con dureza a la
gente impopular) pasan entonces a ser metas habituales.

Cómo funciona la crueldad social

En las aulas, en el ómnibus, en los patios, en el comedor y en
el campo de juego, la *conducta de pandillas* puede hacerse más
común, si los seguidores colaboran con un matón (socialmente
dominante) en la acción de atormentar a una víctima (que suele
ser diferente en algún aspecto), para no convertirse ellos mismos
en víctimas. La *intimidación* (presionar, amenazar, vandalizar),
la *exclusión* (ignorar, rechazar, expulsar), *avergonzar al otro*
(con sobrenombres, burlas, descalificaciones) y el *ataque a la
reputación* (rumor, chisme, calumnia) pueden ponerse en juego
para dañar seriamente todas las partes involucradas.

Asumir cualquiera de estos tres roles propios de la crueldad social —matón, seguidor o víctima— es potencialmente
dañino para la autoestima. Aunque el matón consigue dominio haciendo abuso de su poder social, tiene más aliados cir-
cunstanciales que verdaderos amigos. Infundir miedo no es lo
mismo que gustar. Aunque el seguidor elude el maltrato, coo-
perando, debe lidiar después con su cobardía. Seguir la corriente para no ser lastimado implica sacrificar algo del respeto de sí mismo. Aunque la víctima pasa a ser el centro de atención, la situación le provoca dolor y a veces pánico. Cuando
se es blanco continuo de malos tratos, se corre el riesgo de
terminar creyendo que son merecidos.

Es importante que los padres presten atención a algunas
lecciones duraderas de estos tres roles:

- *No abandonar el rol de matón* puede llevar a que el
  chico, cuando sea adulto, adopte la coerción a expensas de la intimidad.

- *No abandonar el rol de seguidor* puede llevar al chico a adherirse como adulto a la obediencia, a expensas de su integridad.

- *No abandonar el rol de víctima* puede llevar al chico a sufrir indefensión como adulto, a expensas de su capacidad para desenvolverse.

"Ahora es más adelante", pues el comportamiento presente moldea la conducta futura. Cuando los padres influyen en el desarrollo del niño, están influyendo en la evolución del adulto.

Para los padres, entonces la lección es muy sencilla: Si alguna vez encuentras motivo para creer que tu hijo está adoptando consistentemente alguno de los tres roles de la crueldad social, en la escuela o en el vecindario, háblale acerca de los costos y de las alternativas, pues todo chico tiene alguna posibilidad de definir qué rol elige jugar.

¿Qué hacer cuando su hijo es víctima de la crueldad social?

¿Pero qué deben hacer los padres, por lo general víctimas ellos también, si a su hijo le toca regularmente el rol de víctima social en la escuela? Hay algunas acciones útiles que pueden encararse:

1. Escuchar cómo se siente el niño y hacerle saber que no es vergonzoso tener miedo o sentirse herido.

2. Ayudar al niño a analizar la situación para asegurarse de que no está contribuyendo con el mal trato que recibe, fomentándolo o recompensándolo sin darse cuenta.

3. Respaldar el coraje que se necesita para enfrentar la crueldad social en la escuela, y que puede preparar al niño para desafíos futuros.

4. Ayudar al niño a comprender que mientras ejerza activamente el poder de elegir, probando nuevos y distintos métodos para resolver la situación, podrá fortalecer su autoestima y su sensación de autocontrol.

5. Ayudar al niño a comprender que la evitación y la huida pueden intensificar su miedo y estimular a los agresores.

6. Ayudar al niño a no caer en la trampa de convertirse en un solitario, sino buscar la amistad de otros compañeros en la clase, que nunca asumen los roles de matón o seguidor.

7. Explicar en perspectiva por qué este maltrato tiene que ver con la edad y no con una falencia de la persona, y que esta conducta va desapareciendo cuando los chicos maduran y se afianzan socialmente.

8. Permitirle al niño que reaccione, adoptando un rol socialmente más agresivo (que practique cómo hacer frente y devolver el ataque), si la táctica de ignorar persistentemente la crueldad social no ha logrado disminuir su frecuencia o eliminarla.

9. Asegurarse de que el niño asuma una cuota adecuada de responsabilidad: los matones no se inventan a sí mismos. Se convierten en tales cuando la gente que los rodea les da permiso para abusar.

10. Presente al niño en otros círculos sociales fuera de la escuela, y aliéntelo a que traiga amigos a jugar en casa.

11. Si los hechos de crueldad social ocurren dentro del aula, pídale a la maestra, con el permiso del chico, que intervenga y haga saber a todos los alumnos qué pautas de respeto y seguridad se promueven en el colegio en cuanto al trato mutuo.

12. Si el maltrato persiste, dañando severamente la autoestima del niño, a pesar de sus esfuerzos, del apoyo de sus

padres y de las apelaciones a la escuela, entonces recurra a un asesoramiento externo para impedir que los episodios de crueldad resulten en un daño psicológico grave a largo plazo. Las señales de riesgo que deben observarse incluyen: la depresión, el encierro, el aislamiento social y la desvalorización de sí mismo.

Finalmente, si a pesar de la conversación con el maestro, los actos continuos de crueldad social alcanzan un grado tal que parecen poner en peligro la seguridad emocional, física o sexual de su hijo, entonces acuda a niveles jerárquicos superiores del colegio o del sistema escolar, para solicitar que se ponga punto final al maltrato y a los daños.

18

EL TDA (TRASTORNO POR DÉFICIT DE ATENCIÓN)

Cuando es difícil prestar atención y hacer caso

Hay un factor que influye negativamente en la autoestima de un número creciente de niños en los Estados Unidos, y cuyo abordaje constituye todo un desafío. Con mayor frecuencia en los últimos años, se ha diagnosticado como TDA (Trastorno por Déficit de Atención) a una constelación de conductas que suelen detectarse en el hogar, pero que a menudo no se identifican formalmente hasta que los maestros comienzan a preocuparse por la conducta del chico en la escuela.

Estos niños extremadamente propensos a la distracción, parecen "enchufados" a una demanda tan intensa de estimulación que actúan con dos tipos de déficit. Les resulta difícil concentrarse y sostener su atención, y encuentran frustrante no recibir toda la atención que desean. En consecuencia, actúan dominados por un nivel de impulsividad tal que les es casi imposible concentrarse en una tarea y respetar los límites sociales.

Estos niños altamente energéticos entran a menudo en conflicto con la autoridad, ya sea en el hogar o en el aula. Se los suele tratar con impaciencia, desaprobación, crítica, reprimenda y castigo, por no completar sus asignaciones, no prestar atención, no obedecer órdenes, no hacer caso de un pedi-

CLAVES PARA DESARROLLAR LA AUTOESTIMA DE SUS HIJOS

do, no organizarse, no recordar, no quedarse sentados, no permanecer callados, no esperar su turno, no rendir al nivel de su capacidad o no hacer de buena gana lo que se les pide.

La reacción del adulto al TDA puede herir la autoestima

El trato que recibe un niño influye en cómo aprende a tratarse a sí mismo. Un chico puede interpretar que las reacciones hacia su persona son efectivamente reflejos de su persona: "Debo ser como los demás me ven". De ahí que, la acumulación creciente de respuestas negativas por parte de adultos significativos, puede generar un nivel de autocrítica irrazonable en los niños con TDA. *Rechazándose a sí mismos, pueden culparse adoptando rótulos peyorativos que en nada contribuyen a su autoestima:* "el inadaptado", "el raro", "el de la mala conducta", "el liero", "el lento", "el chico malo", "el fracasado".

Los padres que observan a su hijo con TDA, estableciendo esta conexión autocrítica y empleando alguno de estos rótulos, deben explicarle que el TDA es una condición funcional y no una falla de la persona. Tal como harían con cualquier otra condición funcional, tienen que asegurarle al niño:

1. Que *no* debe culparse por este estado funcional.

2. Que su valor como ser humano de ninguna manera está disminuido por esta condición.

3. Que es preciso comprender cómo esta condición afecta el funcionamiento de su mente, con el fin de desarrollar estrategias para manejarla.

Lo poco que se sabe del TDA

Aunque puede haber causas fisiológicas para el TDA (lesión cerebral, exposición prenatal a tóxicos, anomalías

100

genéticas, por ejemplo), en muchísimos de los casos no pueden detectarse estos factores. Según concluyó un panel de los Institutos Nacionales de Salud, en 1998 ("Science News", vol. 154, pág. 343) hace falta investigar mucho más para llegar a un consenso y un conocimiento significativos respecto de cuál es con exactitud la causa del TDA, cómo se lo puede diagnosticar con precisión y cuál es el mejor tratamiento.

Lo que parece probable, sin embargo, es lo siguiente:

- Hasta dos millones de chicos, entre las edades de cinco y catorce años, en EE.UU., podrían estar afectados por el TDA. La incidencia parecería ir en aumento.

- Aunque tanto los varones como las mujeres son vulnerables, el diagnóstico de TDA es de cinco a diez veces más frecuente en los varones, probablemente porque estos tienden a expresar los síntomas de forma socialmente más agresiva.

- En algunos casos, la medicación psicoestimulante parece ayudar a reducir la impulsividad y la propensión a la distracción; es probable que los fármacos cubran la demanda aumentada de estimulación y estabilicen el comportamiento del niño (no obstante, todavía deben definirse los efectos a largo plazo del tratamiento sobre el aprendizaje, el desarrollo y el sistema nervioso).

- Como grupo, los chicos con TDA pueden estar estadísticamente más propensos que la población en general, a problemas familiares, fracaso escolar, consumo de alcohol y drogas, conducta delictiva, accidentes de todo tipo y suicidio.

- "Los niños con el trastorno por déficit de atención, en general no superan sus dificultades con la edad. Los problemas que surgen o persisten en la edad adulta incluyen: fracaso académico, baja autoestima, ansiedad,

101

depresión y dificultades para aprender un comportamiento social adecuado."

Una explicación adicional: la Adaptación a la Sobrecarga de Estímulos

Es posible que un número significativo de los diagnósticos de TDA esté errado, si consideramos el condicionamiento cultural al que están sometidos los niños. Para muchos de ellos, el término Adaptación a la Sobrecarga de Estímulos sería más apropiado. Esta adaptación podría ser una respuesta condicionada en los chicos que crecen en un mundo tecnológico sobreestimulante. Impulsados por el entorno, los niños aprenden a exigir una dieta constante de estímulos intensos y cambiantes, que reciben pasivamente y de los que incluso no pueden prescindir. Cualquier cosa de menor intensidad, como por ejemplo la educación formal, puede ser vivida como un castigo inusual y cruel, una especie de privación de estímulos sensoriales que algunos chicos experimentan como un aburrimiento insoportable. De ahí la frecuencia de conductas similares al TDA que desorganizan las aulas hoy en día.

Dada la variedad de entretenimientos electrónicos al alcance de los niños, no es de extrañar que:

- Los chicos esperan cada vez más que se los entretenga, y son cada vez menos capaces de entretenerse solos.

- El lapso de atención disminuye a medida que las opciones de diversión electrónica aumentan.

- Crece la demanda de estímulos más variados.

- Se necesitan estímulos más intensos para retener la atención.

- Cada vez es más difícil tolerar el aburrimiento.

Mal podemos preparar a nuestros niños para las exigencias educacionales activas y áridas que encontrará en el aula, a partir del entrenamiento en diversión pasiva y excitante que brinda nuestra cultura. *La mayor parte de la actividad educativa escolar es incapaz de competir con la cultura del entretenimiento, a la hora de atraer y retener la atención de un niño.*

Una prescripción contracultural

Entonces, ¿qué deben hacer los padres (y los maestros) ante el número creciente de niños ávidos de estímulos más y más intensos que aparecen en escena? Como mencionamos al principio, una respuesta negativa del adulto no hace sino herir la autoestima del niño, por más que este proclame desafiante que no le importa. *Lo que estos chicos necesitan es dirección y no corrección.*

Los padres pueden hacer el intento de contrarrestar la influencia de intensa estimulación y entretenimiento de nuestra cultura, ayudando a su hijo a *practicar* y a desarrollar en familia destrezas de autocontrol, que podrían disminuir la incidencia de sus conductas improductivas tanto en el hogar como en la escuela. He aquí algunas sugerencias:

- Ayude al niño a aprender a relajarse, en silencio, independizándose de las distracciones externas.

- Limite el entretenimiento electrónico pasivo, para que el niño también tenga recreación activa.

- Ayude al chico a aprender a demorar la gratificación, a tolerar la frustración y a expresar con palabras (en vez de expresar con actos) un conflicto emocional.

- Asegúrese de reconocer y aprobar conductas comunes como escuchar, seguir directivas, recordar, completar una tarea ingrata, cumplir un compromiso, trabajar para alcanzar una meta, fijarse en los detalles, mantener el espacio personal y las pertenencias organizadas, y hacer un trabajo en término.

- Insista en asignarle al chico tareas hogareñas regulares y aburridas, y exprese su apreciación cada vez que las cumple.

- Enseñe al chico a ejercitar la previsión: cómo frenar la toma de decisiones para analizar las posibles consecuencias de lo que se va a hacer.

Los padres que dedican tiempo a enseñarle a su hijo técnicas eficaces de autocontrol lo ayudarán a reducir la tiranía del impulso y la estimulación en su vida. Estos chicos reparan su autoestima dañada, al adquirir una mayor noción de autocontrol.

¿Qué se sabe de la medicación?

Para muchos chicos diagnosticados con TDA, la medicación psicoestimulante es de suma utilidad. Pero el reverso de la moneda, además de los posibles efectos adversos como cefaleas, dolor de estómago, insomnio y depresión, es un problema de mayor alcance aún: esta medicación se usa cada vez con más frecuencia en los niños, no con el propósito de mejorar su autocontrol sino para facilitar el manejo grupal en las instituciones. A veces se recomienda una evaluación de TDA, con la esperanza de que se prescriba la medicación "para estabilizar al alumno". Sin embargo, el hecho de que un chico medicado resulte más fácil de manejar, no es razón suficiente para someterlo a un régimen de psicofármacos.

Si se recomienda a los padres una evaluación de TDA, y estos desean reducir el riesgo de un diagnóstico equivocado, será aconsejable solicitar una segunda opinión independiente, si la primera instancia fue positiva. Además, en vista de lo complejo de esta condición, es útil que los padres se instruyan sobre el tema. Dos buenas fuentes son:

1. La Asociación Nacional para Niños con Trastorno por Déficit de Atención (CHADD, Estados Unidos, 1-800-233-4050).

2. *Claves para criar un niño con Trastorno por Déficit de Atención*, de Barry y Francine Mc Namara.

19
LA PARTE DIFÍCIL DE CRECER
Las trampas en el camino de la independencia

La *adolescencia* comienza aproximadamente con la aparición de la pubertad (entre los nueve y los trece años), cuando los niños empiezan a cuestionar las antiguas restricciones y demandan nuevas libertades. Este período termina unos diez o doce años más tarde, cuando los jóvenes han adquirido responsabilidad suficiente como para encarar su subsistencia con más autonomía (entre los dieciocho y los veintitrés años).

La transición de la dependencia como niño a la independencia·como joven adulto no ocurre de la noche a la mañana. Es un camino largo y lleno de desafíos a través de muchos cambios: altibajos, éxitos y fracasos, dos pasos hacia adelante y uno hacia atrás; un progreso vacilante que puede llenar de esperanza a los padres en un momento y frustrarlos en el siguiente.

Será más fácil que los padres se mantengan equilibrados durante los años inestables de la adolescencia, si son capaces de prever algunos de los cambios normales que sufrirán sus hijos al crecer, y en particular si están atentos a la aparición de ciertos obstáculos en el desarrollo.

Cómo la adolescencia puede poner en peligro la autoestima

En cada una de las cuatro etapas de la adolescencia, los jóvenes pueden responder a los desafíos del crecimiento, adoptando conductas autodescalificantes que dañan su autoestima. Es tarea de los padres detectar cualesquiera de estas conductas y contrarrestarlas si llegaran a aparecer.

Primera etapa: La adolescencia temprana (de los nueve a los trece años)

La adolescencia temprana inicia el alejamiento de la niñez. Los jóvenes se disgustan cuando se los define y se los trata como niños; no saben exactamente cómo, pero quieren ser más grandes y diferentes. Por lo general, inquietos y propensos a la frustración, los chicos típicamente:

- Exhiben una *actitud más negativa* (son críticos con los demás y se quejan de la vida).

- Desarrollan *resistencia activa y pasiva* (discuten y tardan en hacer caso).

- Comienzan tempranamente a *experimentar con lo prohibido* (ponen a prueba las reglas y los límites para ver hasta dónde pueden forzarlos).

En esta etapa, el riesgo es que *los jóvenes lleguen al extremo de actuar en contra de sus propios intereses, con tal de oponerse.* Un ejemplo común de este peligro es promover el desorden en clase. El joven, de hecho y de palabra, basándose en su derecho a la autodeterminación, se resiste a obedecer las reglas: "¿Por qué tengo que hacer lo que me dicen si no me interesa?". Desafortunadamente, esta actitud desafiante es contraproducente, porque acarrea consecuencias (ser enviado fuera de la clase) que interfieren con el aprendizaje.

Las notas, un pilar fundamental de la autoestima, comienzan a resentirse. Orgulloso, pero triste, el joven admite: "Lo que mejor me sale es meterme en problemas".

Ante la actitud de rebelión que elige asumir el chico, los padres pueden ensayar esta respuesta invasiva, y posiblemente embarazosa "Si no puedes asumir la responsabilidad de comportarte en clase, estoy dispuesto a ir a la escuela y sentarme contigo para ayudarte a manejar la situación".

Segunda etapa: La adolescencia intermedia (de los trece a los dieciséis años)

En la adolescencia intermedia, los jóvenes se quejan menos de las injusticias que cometen sus padres en cuanto a su libertad personal, y cuestionan más fuertemente su autoridad para hacerlo. En el aumento de los conflictos, tanto en frecuencia como en intensidad, está en juego la adquisición de más conocimiento del mundo, a medida que el adolescente objeta más las restricciones y discute para tener más independencia. Ha comenzado el período comúnmente más tormentoso del pasaje por la adolescencia.

En esta etapa, *el riesgo es que el joven recurra a un comportamiento evasivo para conseguir la libertad social que desea.* Un ejemplo común de este peligro son las mentiras de la adolescencia intermedia. Por obra o por omisión, los adolescentes mienten para poder hacer lo que está prohibido y para evitar las consecuencias de ser descubierto.

Sin embargo, comprar la libertad con engaño equivale a pedirla prestada ahora y verse en problemas más adelante. Son más las veces en las que el beneficio no justifica el costo, ya que el precio de mentir es extremadamente alto. Psicológicamente, *mentir es una forma muy seria de conducta autodescalificante, pues daña enormemente la autoestima.* Considere sólo algunos de los perjuicios que ocasiona. Los mentirosos no tienen la confianza y el coraje para afrontar lo que está ocurriendo. Los mentirosos actúan cada vez con más ocultamiento, por miedo a ser descubiertos. Los mentirosos permiten que la falta de sinceridad genere distancia y desconfianza entre ellos y los seres que aman. Los mentirosos dicen una mentira para cubrir otra, no pueden sostener sus historias, y terminan sintiendo que pierden el control.

Para *contrarrestar la mentira*, los padres deben siempre apoyar la verdad con una actitud saludable. Por lo tanto, cada vez que descubren al adolescente en una mentira, le hacen ver lo mal que uno se siente cuando le mienten. Le dan una oportunidad de confesar la verdad. Debaten sobre cómo la mentira ha empeorado la convivencia familiar. Evalúan las consecuencias: prohibición de salir por un corto plazo, o una tarea extra para compensar la ofensa grave. Y reinstauran la confianza para que el adolescente tenga otra oportunidad de convivir en familia sin faltar a la verdad.

Tercera etapa: La adolescencia avanzada (de los dieciséis a los dieciocho años)

En la adolescencia avanzada, los enojos y la negatividad de la etapa temprana, así como el intenso conflicto y la incesante evasión de la etapa intermedia, generalmente se han aquietado. Ya está a la vista la verdadera independencia, que ha dejado de ser un sueño romántico para convertirse en una innegable realidad. Ahora el joven ve claramente lo que significará su independencia: más separación de la familia, más aceptación de la responsabilidad y más expectativa de autoabastecimiento. *Cuando el adolescente avanzado lo piensa en serio, la verdadera independencia asusta.*

En esta etapa, el adolescente corre el riesgo de revisar el tema de su independencia y echarse atrás, en vez de aceptar el desafío y seguir avanzando. Un ejemplo común es la resistencia al próximo paso. Temeroso de desprenderse de tantas cosas seguras y familiares para enfrentar otras tantas inexploradas y desconocidas, el adolescente avanzado puede demorar la partida, aplazando los preparativos para lo que viene a continuación.

Esta demora va más allá de la simple dilación, porque no se está pretendiendo aplazar algo indeseado, sino escapar de lo inevitable. Así, las postulaciones a un trabajo o a la universidad languidecen, mientras el egresado del secundario juega a que no hay un mañana. Pero paga por ello un precio alto: *resistir el progreso es autodescalificante, porque evitar crecer disminuye la autoestima.* El adolescente se deja paralizar por el pánico, justo en un momento en el que quisiera estar pleno de entusiasmo y esperanza.

El apoyo de los padres juega un rol importante en esta encrucijada. Para ayudar a su hijo a superar la resistencia al próximo paso, los padres entablan una última batalla por el bienestar de su hijo, recordando, persiguiendo, empujando, incluso colaborando en la preparación del escrito o de la entrevista necesaria para avanzar. Irse del hogar sin estar completamente listo para la independencia no es un problema; es previsible. Los padres pueden enseñar a sus hijos sólo hasta un cierto punto. Luego deben entregarlos a la R grande, a la Realidad, para que les enseñe el resto.

Cuarta etapa: La independencia a prueba (de los dieciocho a los veintitrés años)

En la independencia a prueba, el adolescente hace sus primeros intentos de vivir solo, y generalmente encuentra que el desafío es más difícil de lo que preveía. Deben mantenerse tantos compromisos para sostener con éxito la independencia, que muchos adolescentes no pueden asumir de entrada todas estas responsabilidades, todo el tiempo. Tropezando y patinando mientras luchan por pisar terreno firme, típicamente rompen un número significativo de compromisos: desde promesas personales hasta pagos de facturas, cuotas de créditos, contratos de alquiler, reglamentos de consorcio, consignas en el trabajo o niveles académicos, entre otros.

Para empeorar las cosas, hay dos factores que pueden desestabilizar aún más al adolescente. En primer lugar, suele estar rodeado de un grupo de amigos igualmente inseguros, inclinados a la dilación, a jugar, a divertirse en desmedro de sus obligaciones, y a descontrolarse ocasionalmente haciendo abuso de su total libertad. En segundo lugar, el lapso entre los tres y cinco años posteriores al egreso del secundario tiende a convertirse en el período de consumo más intensivo de alcohol y drogas que el adolescente jamás haya visto o vivido.

En esta etapa, *el joven corre el riego de abusar de su libertad, en detrimento de su responsabilidad. Un ejemplo común es la deuda de la tarjeta de crédito.* Al tratar el plástico como un permiso, los jóvenes suelen gastar despreocupadamente para disfrutar lo que en realidad no pueden permitirse, de modo que, finalmente, terminan acosados por un acreedor que exige amenazante el pago de la deuda.

El adolescente intentará resolver la situación pidiendo a sus padres un préstamo o el pago de una fianza, y prometerá no volver a pedirles nunca más una ayuda semejante. *Recibir ayuda para eludir las consecuencias de una elección poco inteligente es contraproducente, ya que no asumir la responsabilidad de la propia recuperación disminuye la autoestima.*

Un padre firme puede tomar la decisión de brindar la ayuda más difícil de todas: negarse a ayudar. Al hacerlo, comunicará a su hijo que lo cree capaz de hacer frente a la deuda originada en sus gastos compulsivos, y de desarrollar más contención y autonomía durante el proceso.

111

El propósito de todas las intervenciones paternas durante las distintas etapas de la adolescencia es el mismo: promover una alternativa saludable a todas las conductas desmoralizantes que perjudican la autoestima de un adolescente. Un factor clave para la eficacia de estas intervenciones es un ingrediente que hasta ahora no se mencionó: *la crítica no tiene lugar en aquello que los padres digan o hagan.*

20

MASCULINO Y FEMENINO
Lo que importa es la definición del rol

El sexo de un niño está biológicamente determinado, no así su rol sexual. *El rol sexual se aprende.* Un niño o una niña aprenden básicamente a adoptar una conducta "masculina" o "femenina", de acuerdo con las influencias que han recibido de los padres, de sus pares y de los medios.

Los padres

Profundamente arraigada durante años de apego, a través de la impronta incesante del intercambio diario, la influencia de los padres suele estar implícita pero no declarada; se la da por sentado y no se la discute; por lo tanto, es muy difícil que los padres y los hijos la vean. A menudo es necesario hacer una revisión, cuando uno se hace adulto, para sacarla finalmente a la luz.

- Al mirar hacia atrás, el joven puede notar parecidos con cada uno de sus padres, que sugieren algún grado de *identificación* con ellos (con algún interés paterno, por ejemplo).

- El joven puede advertir que el *trato* de los padres era diferente para los hijos varones que para las hijas mujeres (por ejemplo, respecto de la libertad para salir).

- El joven puede recordar que las *expectativas* de los padres eran diferentes para un varón que para una mujer (por ejemplo, en cuanto a la educación).

Estos tres factores son parte de la influencia paterna en el desarrollo del rol sexual del hijo. Los padres que quieren influir desde el principio de manera más intencional en el rol sexual de sus hijos, podrán hacer un inventario de sus preconceptos sobre el tema, completando las siguientes afirmaciones:

"Los varones deberían ser..." (agregue adjetivos).

"Los varones *no* deberían ser..." (agregue adjetivos).

"Los varones deberían..." (agregue acciones).

"Los varones *no* deberían..." (agregue acciones).

"Las mujeres deberían ser..." (agregue adjetivos).

"Las mujeres *no* deberían ser..." (agregue adjetivos).

"Las mujeres deberían ..." (agregue acciones).

"Las mujeres *no* deberían ..." (agregue acciones).

Este inventario pone en evidencia las creencias y los valores de los padres sobre los roles sexuales, cómo esas creencias y valores difieren para hijos varones e hijas mujeres, y en qué puntos hay acuerdo y desacuerdo entre los padres. Por sobre todo, arroja luz sobre las definiciones que merecen aprobación o desaprobación, y que es preciso revisar para ver si son realmente compatibles con las características innatas del niño (personalidad, temperamento, inteligencia).

Puede ser extremadamente dañino para la autoestima de un niño forzarlo a una definición de rol sexual que no le sienta (por ejemplo, pretender que un niño que odia matar se aficione a la caza como su padre, o que una niña que prefiere tener sólo unos pocos amigos íntimos busque la popularidad social de su madre). Al no cumplir la expectativa, el niño termina sintiéndose inepto, por desilusionar a sus padres, por ser diferente, por fracasar o por verse disminuido como sea, al no asumir el rol sexual que los padres ejemplifican o desean.

En general, *es útil que los padres amplíen al máximo su definición de los roles sexuales, recordando siempre que hay tantas maneras de ser femeninas como mujeres vivientes y, por supuesto, tantas maneras de ser masculinos como hombres vivientes. Lo importante es que cada niño encuentre una definición de rol sexual que funcione en su caso individual, del modo más feliz y saludable posible.*

Los pares

Durante la adolescencia temprana (entre los nueve y los trece años), casi toda la actividad social se desarrolla entre grupos de pares del mismo sexo: los varones disfrutan principalmente la compañía de otros varones, y lo mismo ocurre con las mujeres. La convivencia en estos grupos de pares del mismo sexo tiene un enorme efecto formativo en el desarrollo del rol sexual, a medida que sus miembros aprenden a *ajustarse a las normas* de su grupo y descubren con sus compañeros cómo el otro sexo *contrasta* con ellos.

Los efectos de este temprano intercambio social son muy poderosos. Hacia el comienzo de los estudios secundarios, los límites que marcan las diferencias de los roles sexuales ya han sido claramente delineados, dividiendo el espectro completo de rasgos humanos en dos: el conjunto que se considera apropiado para los varones, y el conjunto apropiado para las mujeres. Veamos un ejemplo de cómo podrían ser esas listas. *Los varones son habitualmente más:* duros, arriesgados, contestatarios, agresivos, desafiantes y competitivos. *Las mujeres son habitualmente más:* sensibles, cuidadosas, solícitas, vulnerables, expresivas y cooperativas.

115

El aspecto más penoso de estas diferencias arbitrarias en los roles sexuales es cuán deshumanizantes pueden llegar a ser, al limitar los rasgos sexuales aceptables para una persona, y prohibir o incluso castigar la expresión de otros. Así, cuando un varón manifiesta rasgos "femeninos" (los que hemos enumerado), puede parecer "poco masculino" a los ojos de sus pares, tanto varones como mujeres, y una niña puede parecer "poco femenina" cuando expresa rasgos que se consideran propios de los "varones".

Por ejemplo, si la expectativa del rol determina que los varones se enojan pero no muestran dolor, y que las mujeres pueden mostrar dolor pero no enojarse, un chico que llora puede ser un "llorón", y una chica que pierde los estribos una "bruja". Para empeorar las cosas, a fin de protegerse de términos tan ofensivos para su reputación y por ende para su autoestima, los chicos pueden aprender a enmascarar su dolor con enojo (insultando), mientras que las chicas aprenden a tapar su enojo con dolor (llorando).

Aunque los padres no puedan manejar las amistades de sus hijos o participar del intercambio diario en el colegio, sí tienen la posibilidad de tratar a sus hijos en el hogar como "personas completas". Por ejemplo, alentar el aspecto "sensible" de su hijo varón, que quiere ser un buen sostén emocional, y el aspecto "audaz" de su hija mujer, que quiere ser aventurera.

Finalmente, los padres deben tener en cuenta algunas definiciones *tradicionales* de roles sexuales que aún influyen en cierta medida en el desarrollo de la autoestima, a partir de un intercambio social diferente. Los varones tienden a definir su valor personal según su desempeño; rendir bien es un pilar fundamental de su autoestima. Las mujeres en cambio, tienden a definir su valor personal según la manera de relacionarse; gustar (vincularse socialmente) es un pilar básico de su autoestima. Así, perder una amistad por una ruptura o por una mudanza será más doloroso para una chica que para un chico; y a la inversa, no formar parte o ser excluido de un equipo será un disgusto mucho mayor para un varón que para una mujer.

En la medida en que las diferencias tradicionales moldean y limitan el desarrollo de los roles sexuales, es ventajoso que los padres cultiven las dos fuentes de autoestima en el niño: el desempeño y las relaciones sociales. Cuando ambas funcionan, una chica que está disconforme consigo misma porque sus vínculos pasan por un mal momento, tiene espacios de desempeño que pueden sostenerla mientras tanto. Y un chico que se siente mal porque no está rindiendo bien, puede tener amigos cercanos que le brinden apoyo cuando sus esfuerzos no dan resultado.

Los medios

Los medios —la publicidad y el entretenimiento masivo— emplean estereotipos sociales e ideales físicos para atraer la atención de la gente joven, moldear sus gustos y hacer su negocio, compitiendo para convertir seres humanos en consumidores (compradores humanos) a la edad más temprana posible. Además de constituir una explotación comercial, estas imágenes suelen no ser saludables. Los estereotipos y los ideales pueden ser destructivos de dos maneras:

- Al ser excesivamente simplificados y extremos, no son realistas en cuanto a la definición humana que fomentan.

- Al promover la perfección, proponen un estándar que los jóvenes no pueden alcanzar nunca, por más desesperadamente que lo intenten.

Desafortunadamente, al menos en el caso de los consumidores jóvenes, estas imágenes comerciales tienen un enorme efecto motivador. Se las ha ideado tan seductoras que encarnan mucho de aquello que los jóvenes buscan como su autodefinición. Un estereotipo masculino ideal, por ejemplo, es *el héroe de acción, el tipo duro*, una imagen que suele impulsar a los chicos —incluso en la escuela primaria— a desarrollar sus músculos y a actuar agresivamente. Un estereotipo femenino ideal es la *modelo ultradelgada,* una imagen que induce a las chicas a hacer dieta para ser atractivas.

Luchando por parecerse a estos estereotipos y realzar su autoestima, los jóvenes pueden provocarse a sí mismos un daño significativo. Para responder al ideal del duro/agresivo, los chicos pueden desafiar a las autoridades en el colegio, desobedecer las reglas e involucrarse en peleas. Tal vez esto explique en parte por qué un número desproporcionado de varones, en relación con las mujeres, recibe sanciones disciplinarias y deja la escuela, arriesgando su futuro bienestar. Para lograr el ideal de la ultradelgada/atractiva, las chicas suelen someterse a dieta y desnutrirse, o ingerir descontroladamente y purgarse. Esto podría explicar en parte por qué un número desproporcionado de mujeres, en comparación con los varones, tiene propensión a trastornos alimentarios que ponen en peligro su salud, cuando no sus vidas.

Los padres deben opinar frente a sus hijos sobre los estereotipos sociales y los ideales físicos que muestran los medios, señalando cómo estas imágenes representan modelos impracticables y nocivos para desarrollar la definición personal del rol sexual. Pueden explicar de qué manera:

- *Los ideales son una fantasía,* no una realidad.

- *Los estereotipos simplifican en exceso,* no son fidedignos.

- *La perfección sólo fija un estándar inhumano que no rige para nadie.*

21

HETEROSEXUAL U HOMOSEXUAL
Lo que importa es la orientación

El impacto de la orientación sexual actúa no tanto en la autodefinición, el primer componente de la autoestima, como en el segundo: *la autoevaluación*. Los jóvenes heterosexuales (atraídos sexualmente por miembros del sexo opuesto) dan por sentado el hecho de sentirse cómodos y seguros en su orientación sexual. Ello se debe a que la mayor parte de las normas sociales y culturales supone que así "es como debe ser" la mayoría de la gente. Sin embargo, los jóvenes homosexuales (atraídos sexualmente por miembros de su mismo sexo) no disfrutan la ventaja de esta aceptación social. Como se alejan de la "norma", están sujetos a un trato social y a actitudes de rechazo que pueden motivarlos a rechazarse a sí mismos, perjudicando gravemente su autoestima.

- Al experimentar *los prejuicios contra los homosexuales*, los insultos y las burlas, el joven suele sentirse personalmente desvalorizado.

- Al experimentar *la discriminación contra los homosexuales*, el joven suele sentirse rechazado, ignorado o excluido.

- Al experimentar *la violencia contra los homosexuales*, el joven suele sentirse personalmente amenazado, o puede ser atacado de veras, verbal o físicamente.

No es de extrañar que tanta gente joven oculte cuidadosamente su orientación homosexual. Temiendo ser descubiertos, buscan seguridad en el ocultamiento, al tiempo que pagan dos precios extremadamente dañinos para su autoestima: la soledad, producto de la condición excluyente de ser distintos, y la autocrítica, o al menos la duda sobre sí mismos, por no cumplir con la expectativa heterosexual dominante.

"Los chicos homosexuales deben lidiar no sólo con las crisis de identidad y las batallas por la independencia comunes a todos los adolescentes, sino también con la estigmatización de la sociedad respecto de todo aquel que no sea heterosexual. Entonces, al mismo tiempo que comienzan a sentirse atraídos por individuos de su mismo sexo, estos chicos escuchan y presencian múltiples expresiones de 'homofobia', desde antipáticos estereotipos y burlas sobre homosexuales, en audiciones televisivas, hasta violentos ataques, no provocados, en la vida real."

La opinión médica actual sobre la homosexualidad

Además de mantenerse atentos a los desafíos particulares que plantea la homosexualidad a su hijo, es preciso que los padres pongan en claro sus ideas en cuanto a la naturaleza y el hecho en sí de la homosexualidad.

"...La homosexualidad, antes considerada anormal por la comunidad médica, ya no es más calificada como un trastorno; se la reconoce ampliamente como una orientación sexual que está presente desde la niñez. Se desconoce la incidencia de la homosexualidad, pero se estima que entre un seis y un diez por ciento de los adultos entabla con exclusividad relaciones homosexuales a lo largo de su vida. Un porcentaje más alto de personas ha probado actividades con el mismo sexo en la adolescencia, pero como adultos se han orientado heterosexualmente.

"Las causas de la homosexualidad no se conocen, como tampoco las de la heterosexualidad. No se ha identificado nin-

120

gún factor hormonal, biológico o psicológico que contribuya sustancialmente a la orientación sexual de la persona. Los homosexuales descubren que les atrae la gente del mismo sexo, de la misma forma que los heterosexuales encuentran que les atraen los del sexo opuesto. La atracción parece ser el resultado final de una serie de influencias biológicas y ambientales; no es una cuestión de elección deliberada. Por lo tanto, el término 'preferencia sexual' no tiene mucho sentido cuando se habla de orientación sexual.

"Casi todos los homosexuales se adaptan bien a su orientación sexual, pero deben superar la desaprobación y los prejuicios sociales generalizados. Esa adaptación puede llevar un largo tiempo, y suele estar asociada con una cuota importante de estrés psicológico. A ello se suma que muchos hombres y mujeres homosexuales sufren la intolerancia en situaciones sociales y en su lugar de trabajo."

Qué dicen las encuestas sobre la homosexualidad

Los jóvenes homosexuales en los Estados Unidos crecen en un mundo de sentimientos y conductas profundamente adversos; resulta difícil en estas condiciones sentirse bien consigo mismos y, a la vez, sentirse socialmente protegidos, en particular en el ámbito escolar.

Según "una encuesta realizada en los Estados Unidos por el 'New York Times' y 'CBS News', entre adolescentes de 13 a 17 años... el 58 por ciento de los varones y el 47 por ciento de las mujeres dicen que la homosexualidad está 'siempre mal'". ("New York Times", 30 de abril de 1998, pág. A19.)

"El año pasado, en un estudio en el que participaron casi 4.000 alumnos de colegios secundarios de Massachusetts, un 22 por ciento de los encuestados homosexuales dijo haber faltado al colegio durante el último mes, por falta de seguridad; un 31

121

por ciento dijo haber sido herido o amenazado durante el último año. En comparación con los encuestados heterosexuales, estos porcentajes fueron cinco veces mayores. La encuesta fue realizada en 58 colegios del Departamento de Educación de Massachusetts."("New York Times", 14 de octubre de 1998, pág. A17.)

Cuando un hijo informa a sus padres que es homosexual, estos deben dialogar abiertamente con él sobre el impacto de las burlas, los insultos, las amenazas y las acciones que puede haber presenciado o de las que será objeto, en especial en el colegio. Puede ser necesario ayudar al chico a no vivir el rechazo a los homosexuales como algo personal: "Tiene que ver con un problema de ellos, no tuyo". Y tal vez haya que intervenir para protegerlo del maltrato, tal como ocurre en casos de ataques antirraciales o antirreligiosos. *Los padres que comprenden, aceptan y apoyan a su hijo homosexual, hacen mucho por fortalecer su autoestima.*

La depresión y el suicidio

Ser un joven homosexual no solamente incrementa el riesgo de sufrir violencia por parte de terceros "homofóbicos", que traducen su *miedo a la homosexualidad* en agresiones verbales o físicas; también aumenta el riesgo de ejercer violencia consigo mismo. "Estos chicos (homosexuales) no quieren que se les tema y se les rechace, y por cierto, no quieren perder el respeto y el amor de sus amigos y familiares. Pero a menudo les cuesta suprimir sus necesidades y deseos sexuales. Cuando los chicos homosexuales y bisexuales se sienten avergonzados, confusos, diferentes y aislados socialmente, es difícil que puedan desarrollar el tipo de autoestima y la resistencia imprescindibles para defenderse de problemas emocionales, como la depresión, que aumentan el riesgo de suicidio."

"La tasa de suicidio en jóvenes homosexuales es particularmente alarmante... Según un estudio reciente, es a jóvenes homosexuales que corresponde el *30 por ciento* de todos los suicidios adolescentes. Y en otro estudio de hombres homosexuales y bisexuales, casi un tercio de ellos declaró al menos un intento de suicidio... La causa de estos problemas no es la homosexualidad, sino la incomprensión social de la homosexualidad. Es la 'homofobia', y no la homosexualidad en sí misma, lo que hace tan difícil la vida de la gente homosexual... Lo más útil que podemos hacer es enseñar... que la homosexualidad no es algo para temer ni para odiar." Una forma de desalentar actitudes "homofóbicas" en los chicos es explicar en el hogar el daño que producen el humor y la difamación en perjuicio de los homosexuales (tal como uno haría con las ofensas raciales o religiosas) y prohibir su expresión en la comunicación familiar.

Qué pueden hacer los padres cuando su hijo "se declara"

Este texto se basa fundamentalmente en la opinión de expertos en el área, en cuanto a los consejos que se brindan a los padres. Para concluir, una fuente confiable responde al interrogante de qué hacer cuando un hijo revela que es homosexual. Este es el consejo de la Academia Americana de Pediatría: "La orientación sexual propia de su hijo se establece firmemente durante la infancia. Pero como no hay oportunidad de ponerla a prueba y expresarla, puede no ser evidente para la familia hasta la adolescencia, o aun más tarde... La orientación sexual no puede ser cambiada. La heterosexualidad o la homosexualidad de un chico están profundamente arraigadas como parte de él mismo. Su apoyo y su ayuda son necesarios cualquiera que sea la orientación sexual de su hijo".

22
LA OPRESIÓN SOCIAL
Cuando la minoría está en desventaja

Según la Academia Americana de Pediatría: "Los niños sometidos a un clima de prejuicio, sufren. Este tipo de ambiente genera una tensión social y emocional que puede provocar miedo, ansiedad y, ocasionalmente, hostilidad y violencia. El prejuicio y la discriminación socavan la autoestima y la confianza en sí mismos de aquellos a quienes se ridiculiza y los hacen sentirse muy mal, no aceptados y desvalorizados". Veamos unos pocos ejemplos del daño que puede provocarse:

- En el campo de juego, los niños imitan a un chico mentalmente discapacitado, y se ríen de él por ser "lento".

- Una joven precozmente desarrollada sufre el acoso y las provocaciones sexuales de sus compañeros, mientras camina por el pasillo para ir de una clase a otra.

- Pasan los años, y los estudiantes de un grupo racial en particular no logran aumentar el número desproporcionadamente bajo de sus representantes en las organizaciones escolares.

- Un chico encuentra dentro de su armario un mensaje anónimo atacándolo por sus creencias religiosas y advirtiéndole que tenga cuidado.

- Un estudiante es excluido socialmente de una actividad extracurricular porque su familia no puede costearle gastos extra para los viajes, la vestimenta o los equipos indispensables para ser admitido.

- Los estudiantes pertenecientes a la comunidad local esperan, y reciben, un trato preferencial en cuanto a disponibilidad de vacantes, respecto de alumnos inmigrantes considerados menos capaces por su falta de fluidez en el idioma local.

- Una maestra emplea estereotipos negativos al describir a "esa gente", en una clase en la que participan miembros del grupo al que se dirige la ofensa.

- Se le pone a un niño un apodo que ridiculiza su gordura, y se lo excluye socialmente al no convocarlo nunca para formar parte de los equipos.

Muchos niños maltratados por ser *diferentes* de la mayoría social dominante, viven esta dolorosa experiencia por primera vez en la escuela. Cuando esto ocurre, los padres se sienten víctimas también. ¿Qué diferencias individuales pueden ser objeto de maltrato social? Lamentablemente hay muchísimas, vinculadas en general con características básicas como la apariencia personal, la capacidad mental, la aptitud física, la situación económica, el sexo, la orientación sexual, el idioma materno, los rasgos étnicos y las creencias religiosas, para citar unas pocas.

Al ver a su hijo criticado, excluido, amenazado o apremiado por no pertenecer a la mayoría en el colegio, un padre no puede menos que pensar en lo que le aguarda cuando en su condición de miembro de algún tipo de minoría deba abrirse paso en una sociedad:

- Cuyas normas dominantes pueden ser parciales a la hora de aceptarlos.

- Cuya libertad de elegir puede estar limitada por desigualdades de acceso.

- Cuya garantía de seguridad puede estar disminuida por una protección social deficiente.

La opresión social es lo que ocurre cuando una mayoría en cualquier sistema social actúa para mantener en desventaja —abajo, afuera, y en riesgo— a quienes son "diferentes" o pertenecen a una minoría (La "mayoría" no está determinada por una superioridad numérica, sino por el poder económico y la influencia social dominantes).

Los efectos de la opresión social en la autoestima

Hay tres agentes de la opresión social, cada uno de los cuales puede provocar severos daños a la autoestima:

1. Las expresiones de *prejuicio*, generalmente bajo la forma de estereotipos negativos, comunican a la víctima que su "tipo" es inferior, atacando en consecuencia su autoevaluación, un componente de la autoestima. El prejuicio se construye generalizando a partir de una *experiencia negativa* individual (engañada por una persona, la víctima decide desconfiar en adelante de todos los miembros del grupo al que pertenece quien lo engañó) o a través de lo que *se escucha decir* (alguien en quien "nosotros" confiamos nos cuenta cómo son "ellos", es decir, creemos a un informante prejuicioso). *El poder del prejuicio es el veneno del rechazo:* las víctimas terminan creyendo el juicio adverso que reciben de la sociedad. Así, los jóvenes homosexuales deben normalmente luchar para aceptar su homosexualidad, debido a lo que la cultura heterosexual dominante les ha hecho creer. Tras muchos años de presenciar creencias, burlas y ataques contra los homosexuales, aprenden el prejuicio en contra de sí mismos.

2. Los actos de *discriminación*, normalmente bajo la forma de obstrucción o exclusión, impiden que la víctima

desarrolle todo su potencial, limitando en consecuencia su autodefinición, el otro componente de la autoestima. Cuanto más ilegal ha sido declarada la discriminación, menos abierta y más solapada se torna (se encuentran otras "razones" para negarle oportunidades a quien se las merece). *El poder de la discriminación es la negación de la oportunidad:* las víctimas terminan restringidas por lo que no se les permite hacer. Por ejemplo, a los alumnos que ingresan en el colegio secundario con un inglés limitado se los ubica en todos los cursos de nivel inferior. Se aprovecha así la falta de fluidez en el idioma dominante para restringir lo que se les permitirá aprender.

3. Las conductas de *acoso*, normalmente bajo la forma de amenazas o ataque, transmiten a la víctima la sensación de estar en peligro personal. El joven se distrae de sus tareas escolares, concentrándose en preservar su seguridad, sacrificando su rendimiento académico y por lo tanto su autoestima. El efecto atemorizante de un único episodio puede ser muy serio ("Si le ocurrió a uno de nosotros podría pasarle a todos"). *El poder del acoso es la intimidación:* las víctimas viven con tanto miedo que no se atreven a confrontar lo que está mal. Así, las jóvenes víctimas de avances sexuales no provocados —comentarios, calificativos, presión, gestos, contactos o agresiones— "muestran los mismos síntomas que las víctimas de una violación: enojo, temor, indefensión, vergüenza, culpa, pérdida de la autoestima, confusión, depresión y turbación" ("Vocational Education Journal", marzo de 1993, pág. 30). "La Asociación Americana de Mujeres Universitarias... informa que en el colegio, el 70 por ciento de las mujeres sufre acoso y el 50 por ciento contactos sexuales indeseados. Un tercio de las chicas declara ser objeto de rumores sexuales, y un cuarto fue acorralado y agredido... Los escenarios más comunes de estos episodios son las aulas y los pasillos de los

colegios. La mayoría de las víctimas teme denunciar estos hechos, por miedo a que el acoso empeore."

Qué pueden hacer los padres

Es necesario que los padres entiendan cómo actúa la opresión social si se ven en la necesidad de ayudar a un hijo que es víctima de prejuicios, discriminación o acoso. Los tres agentes de la opresión social se refuerzan mutuamente de forma destructiva. El prejuicio y la discriminación pueden ser empleados para justificarse entre sí. El prejuicio dice: "Como eres inferior, no tienes permiso para hacer lo que la mayoría elige libremente" (por lo tanto, justifica la discriminación). La discriminación dice: "Como no haces lo que hace la mayoría, seguramente eres inferior" (en consecuencia, justifica el prejuicio). El acoso dice: "O guardas silencio sobre lo que está pasando, o saldrás más lastimado" (de esta manera, nadie cuestiona ni el prejuicio ni la discriminación). Por añadidura, en un sistema regido por la mayoría, suele culparse a la víctima, perteneciente a la minoría ("Por la manera en que iba vestida, ella se lo estaba buscando") y a excusar al victimario, perteneciente a la mayoría ("Es realmente un buen muchacho, pero ya se sabe, así son los varones").

Crecer como miembro de una minoría en un sistema gobernado por la mayoría, a menudo implica superar la resistencia social que representan el prejuicio, la discriminación y el acoso. Aun si la persona alcanza cierto grado de aceptación, éxito o posición social, es posible que nunca esté a salvo de las manifestaciones de la opresión. El prejuicio de la mayoría seguirá haciendo su trabajo descalificador: "Su éxito demuestra simplemente que es la excepción a la regla: casi ninguna minoría califica para acceder a ese nivel"; "Fue seleccionado porque se le dieron facilidades; si no le hubieran dado ventaja, no hubiera sido admitido nunca".

Lo que los padres pueden decirle a su hijo, integrante de una minoría de cualquier tipo es: "Si quieres lograr tanto como un miembro de la mayoría, muy probablemente serás medido con estándares más altos, tendrás que esforzarte el doble y tal vez debas afrontar el resentimiento de la mayoría, por lo que has sido capaz de conseguir".

Si un hijo es víctima del *prejuicio de la mayoría*, los padres pueden brindarle apoyo psicológico: "Lo que dicen de ti no se refiere a ti, sino a ellos mismos. Lo que dicen demuestra su ignorancia o su maldad". También pueden repetirle la máxima de Eleanor Roosevelt: "Nadie puede hacer que te sientas inferior, sin tu permiso".

Si un hijo es víctima de la *discriminación de la mayoría*, los padres pueden brindarle apoyo cívico: "Se está violando tu igualdad de derechos; encontraremos a alguien que se encargue de defenderte de esta injusticia".

Si un hijo es víctima del *acoso de la mayoría*, los padres pueden brindarle apoyo social: "Hablaremos con la autoridad que corresponda para ponerle un punto final a esto y para que puedas estar más seguro en la escuela".

Si los padres han tenido o siguen teniendo su propia experiencia como minoría, con los tres agentes de la opresión social, podrán compartir con su hijo cómo aprendieron con el tiempo a manejar eficazmente el prejuicio, la discriminación y el acoso.

Por último, no olvidemos esta posibilidad: los colegios que facilitan la expresión descontrolada de prejuicios, discriminación y acoso, se arriesgan a provocar la reacción violenta de sus víctimas para vengarse del maltrato que las autoridades eligieron permitir.

23

LA DEPRESIÓN
Cuando se pierde la noción del propio valor

E l término *depresión* se refiere a un severo estado de abatimiento en el que la persona se siente paralizada emocionalmente, atrapada en el dolor, la desesperanza, la impotencia y el enojo, y no dispone de la energía o la motivación para operar un cambio positivo. *Un subproducto común de este estado de dolor e impotencia es una baja autoestima.*

No hace muchos años, estaba ampliamente difundido el mito de que los niños no padecen depresión. Después de todo, ¿de qué podrían deprimirse? Llevan una vida protegida, fácil y simple. Alguien se ocupa de sus necesidades. Sus días transcurren entre el juego y la diversión. Están libres de las responsabilidades de la independencia, y a salvo de las dificultades que tan bien conocen los adultos. No han crecido lo suficiente como para estar realmente deprimidos. ¿Correcto? No. Falso desde todo punto de vista. La niñez no confiere inmunidad para las adversidades de la vida y las abrumadoras demandas que pueden conducir a la depresión. *Los niños son tan vulnerables a la depresión como los adultos.*

La depresión infantil

En el colegio secundario, un alumno podría deprimirse al cabo de una escapada que le ha costado la expulsión del equipo oficial, la desaprobación de su entorno y la pérdida de imagen. Abrumado por las consecuencias negativas, el joven puede castigar su autoestima, atacando su autoevaluación con la culpa: "He destruido todo lo que era importante para mí. Desilusioné a todo el mundo. ¡Soy un fracaso total!". *Cuando el*

*arrepentimiento, la crítica, la culpa o la vergüenza se adue-
ñan de la autopercepción, la valoración personal está en peligro de sufrir un daño devastador.*

A diferencia de la tristeza, que posee una cualidad transito-
ria, el estado depresivo se vive como una condición que dura-
rá para siempre, sin remedio ni esperanza. He aquí algunas señales comunes que permiten detectar la depresión en un niño:

- Distanciamiento de los amigos.

- Aislamiento y menor comunicación con la familia.

- Expresiones de tristeza a través de palabras o llanto.

- Pérdida del placer o abandono de actividades que le
  gustaban.

- Actitudes de enojo más frecuentes y más conflictivas en
  la familia.

- Comportamiento conflictivo en la escuela o con la ley.

- Juicios autocríticos generales.

- Dificultades para dormir.

- Falta de humor.

- Abuso de sustancias.

- Descuido de la apariencia personal.

- Inapetencia o ingesta compulsiva.

- Rendimiento menor en el colegio.

- Aumento o pérdida de peso en forma drástica.

- Fatiga crónica.

- Pesimismo progresivo respecto del futuro.

- Conductas desaprensivas: alta velocidad cuando maneja, riesgos físicos, promiscuidad sexual.

- Automutilación.

- Énfasis en los aspectos sombríos de la existencia en sus expresiones creativas.

Cómo difieren los síntomas en los dos sexos

Los varones y las mujeres suelen comportarse socialmente de manera distinta en cuanto al manejo de las emociones, en especial el dolor. Por lo general se alienta a las mujeres a admitirlo y expresarlo, y a los varones a negarlo y suprimirlo. (En cambio, a menudo vale lo opuesto para otra emoción, *el enojo;* los varones suelen permitirse su expresión, pero no así las mujeres.) En este contexto, una niña puede expresar directamente su depresión porque aprendió que es femenino mostrarse sensible y vulnerable. Pero un niño puede mostrar sólo indirectamente que está deprimido, porque aprendió que es masculino ser duro y agredir cuando lo lastiman. Los padres deben estar atentos a estas diferencias, en especial con los hijos varones: "Los varones se sienten obligados a enmascarar su genuino dolor... por lo general es más difícil reconocer la tristeza y la depresión en los varones que en las mujeres".

Por lo tanto, si los padres buscan *síntomas emocionales de depresión en una hija,* deberán prestar especial atención a: la propensión al llanto, el abandono, la culpa, el desánimo, el desinterés, el aislamiento social, la autocrítica, la apatía, el derrotismo, la resignación y la preocupación. Si en cambio buscan síntomas emocionales de depresión en un hijo, deberán prestar atención a: el enojo, la hostilidad, la culpa, el cinismo, el antagonismo, la agresión social, el sarcasmo, la irritabilidad, la rebeldía, la desobediencia y la explosividad.

¿Qué causa la depresión?

La depresión es una condición compleja, que puede ser provocada por muy diversos factores: predisposición genética en la familia; desequilibrio bioquímico cerebral; temprana depreciación social; abuso emocional, físico o sexual; distorsión cognitiva de la realidad; pérdida o revés significativo; presión excesiva o estrés; "o ataques reiterados a la autoestima".

La depresión suele desbordar los recursos que una persona tiene para salir adelante; ante la amenaza de un riesgo tan serio para la autoestima, los padres harán bien en buscar ayuda profesional cuando un hijo se encuentra en esta condición. Una vez tomada la decisión, es bueno recordar que la depresión suele tener múltiples causas, por lo que puede requerirse un tiempo considerable de terapia psicológica o psiquiátrica antes de que sean identificados los factores relevantes.

En muchos casos, hoy en día el tratamiento efectivo se consigue con una combinación acertada de psicoterapia y medicación antidepresiva. El propósito suele ser doble:

1. Reducir algunos de los síntomas agudos de dolor y ansiedad.

2. Liberar las energías de la persona deprimida para permitirle aprender, a través de la psicoterapia, cómo vivir más felizmente consigo misma, con los demás y con el mundo.

El suicidio y la violencia hacia los demás

El riesgo extremo de la depresión es una disminución tan seria del valor personal, que el joven puede llegar a creer que la vida no vale la pena de ser vivida. En este punto, la conducta autodestructiva puede convertirse en una de las alternativas viables para aliviar el dolor que siente: "Uno de cada cuatro jóvenes habrá sufrido un serio episodio de depresión

133

al llegar a los dieciocho años... La mayoría de los chicos que intentan suicidarse están seriamente deprimidos... La tasa de suicidios en adolescentes ha aumentado a más del doble durante los últimos treinta años, lo que ha convertido al suicidio en la segunda causa de muerte entre los quince y diecinueve años de edad".

Las mujeres hacen más intentos de suicidio que los hombres, pero estos cometen suicidio de manera efectiva en mayor proporción, probablemente porque tienden a elegir medios destructivos más directos que los que utilizan las mujeres (como las armas, en contraste con las drogas). Los varones también pueden caer en la trampa, común en nuestra cultura, del héroe masculino. *El credo reza que para ser hombre* uno debe parecer fuerte y actuar con dureza a cualquier precio, callar los sentimientos de dolor, guardar silencio sobre los problemas, ser autosuficiente, no admitir el miedo o actuar con temor, nunca rehusar un desafío, ser capaz de beber más que nadie, exhibir actitudes de enojo pero nunca hablar del tema, no mostrar debilidad pidiendo ayuda, anteponer el orgullo personal al reconocimiento de la fragilidad humana, mostrarse agresivo en deportes centrados en la competitividad (ganando), en el choque (golpeando), o en el acto de matar (cazando). Habiendo suscripto a este código de conducta "masculina", suele ser muy difícil para muchos jóvenes encontrar formas no violentas y constructivas de afrontar el dolor cuando se suscita.

Uno de los escenarios más comunes que pueden inducir a una persona joven al suicidio sería el siguiente:

1. Entrar en un *estado depresivo* a causa del fracaso en algún desempeño o la pérdida de una relación (De ahí que los padres deban tomar en serio los fracasos o las pérdidas importantes, y tratar de que los sentimientos se manifiesten).

2. *Aislarse social o psicológicamente*, para ocultar la baja autoestima (Por lo tanto, los padres deben intensificar su apoyo y las expresiones de afirmación).

3. Permitir que *una visión distorsionada* cree un cuadro de desesperanza e impotencia (En consecuencia, los padres deben ofrecer una perspectiva realista).

4. Recurrir al *consumo de sustancias* para automedicarse contra el dolor, lo cual aumenta la posibilidad de dejarse dominar por los impulsos (Debido a eso, es preciso que los padres desalienten el consumo de alcohol y drogas, y busquen ayuda externa si mediante el diálogo no contribuyen a aliviar el sufrimiento de su hijo).

5. Tener *acceso a un medio rápido para librarse del sufrimiento*, terminando con la propia vida (Por lo tanto, los padres deben mantener en lugar seguro todos los objetos domésticos aptos para provocarse un daño serio).

Durante la depresión, la autoestima cae a niveles peligrosamente bajos. Será mejor consultar a un psicólogo o un psiquiatra, cuando se observa en un hijo que la tristeza normal no desaparece y comienzan a advertirse síntomas depresivos. Siempre es preferible pecar por exceso de precaución que por exceso de optimismo.

Por último, no toda la violencia producto de la depresión es suicida. También, puede ser dirigida hacia afuera, abusivamente, incluso con intención asesina, sobre todo *en el caso de los hombres, quienes son responsables de la gran mayoría de los crímenes violentos.* Para una mente joven en estado depresivo, la vida (sea la propia o la de cualquier otro) puede valer muy poco. En esas circunstancias, matarse o matar a otro se convierte en una forma válida de vengar una herida o terminar con un dolor insoportable.

24

EL CONSUMO DE SUSTANCIAS Y LA ADICCIÓN
Cuando la automedicación lesiona la autoestima

Según encuestas nacionales que lleva a cabo anualmente la Universidad de Michigan en los Estados Unidos, casi todos los adolescentes ya han experimentado algún nivel de consumo de sustancias antes de concluir los estudios secundarios. La edad a la que empiezan a consumir es muy importante, ya que cuanto más temprano es el inicio más probabilidades hay de que surjan luego problemas de abuso de drogas y adicción. Por lo tanto, es crucial que los padres hagan lo que esté en sus manos, combinando la persuasión con la prohibición, para demorar ese momento todo lo posible. *Cuanto más tarde comienza el consumo, menos probabilidad hay de incurrir en una conducta perjudicial posterior.*

Las drogas preferidas por los adolescentes son los inhalantes, la nicotina, el alcohol y la marihuana. La droga de entrada suele ser la nicotina; los adolescentes fumadores tienen muchas más probabilidades de experimentar con otras drogas y de llegar a niveles perjudiciales de consumo de alcohol que aquellos que eligen no fumar (según la Encuesta Nacional de Hogares en cuanto al Abuso de Drogas, Estados Unidos, 1998).

Los niveles de consumo de sustancias

Hay cinco niveles de consumo de drogas que los padres deben observar; si bien ninguno de los cinco es seguro, el riesgo aumenta con la progresión: *consumo experimental, consumo recreativo, consumo excesivo, consumo abusivo y consumo adictivo*. Aunque los tres primeros niveles conllevan algún tipo de riesgo físico, los últimos dos suelen ser particularmente dañinos para la autoestima. ¿Cómo se definen estos niveles de consumo?

- El primer nivel o *consumo experimental*, implica probar una sustancia dada sólo unas pocas veces, para vivir la experiencia. Satisfecha la curiosidad, no vuelven a surgir ni la necesidad ni el deseo de consumir: "Probé marihuana y no me pasó nada en especial".

- El segundo nivel o *consumo recreativo*, implica disfrutar cada tanto el consumo en compañía, haciéndolo con moderación (de manera que según el criterio propio y el de los demás no surja ningún problema); se conserva un nivel de conciencia suficiente para observar los efectos en uno mismo: "Podré tomar una o dos cervezas cuando salgo con mis amigos, lo suficiente para aflojarme, pero no tanto como para desconectarme de lo que pasa alrededor".

- El tercer nivel o *consumo excesivo*, implica consumir ocasionalmente hasta el punto de no poder permanecer sobrio e intoxicarse: "A veces lo más divertido de beber es emborracharse".

Un porcentaje significativo de los adolescentes sólo ensaya estos tres primeros niveles de consumo de sustancias químicas. Otro porcentaje, sin embargo, llega a uno o dos niveles más serios de uso: abuso de sustancias y adicción. No se sabe con certeza por qué algunos jóvenes logran evitar estos dos últimos niveles y otros no. Se ha asociado la propensión a estos problemas con los antecedentes familiares de dependencia química en las dos generaciones precedentes. La predisposición genética y tal vez el aprendizaje social podrían también jugar un rol en esta vulnerabilidad. Cualquiera que sea el caso, cuando un joven abusa de las drogas o se hace adicto a ellas, por lo general su autoestima se ve afectada.

El abuso de sustancias y la autoestima

El cuarto nivel, abuso de sustancias, implica un consumo caracterizado por dos efectos nocivos: *pérdida del cuidado habitual y malas decisiones* (conflictivas).

1. *Pérdida del cuidado habitual.* Si el abuso de sustancias tiene alguna motivación, esta parece ser la de librarse de las responsabilidades: "No me importa lo que creía o lo que me gustaba"; "No me importa cómo afecto a los demás o lo que piensen"; "No me importa cómo o qué hago"; "No me importa adaptarme ni obedecer las reglas"; "No me importa lo que pase después".

Una persona que se valora a sí misma mantiene su autoestima cuidándose y cuidando su vida. El descuido deteriora no sólo la autodefinición ("Dejé de lado un montón de cosas que me importaban"), sino también la autoevaluación ("Dejé de pensar bien de mí mismo").

2. *Tomar decisiones que ocasionan problemas.* La pérdida del cuidado habitual da pie a una enorme variedad de decisiones perjudiciales. Mentir para conseguir lo prohibido y eludir las consecuencias. Desobedecer las reglas en casa y en el colegio, y la ley en otros ámbitos. Correr riesgos, desaprensivamente. Herir con palabras o con actos los sentimientos de los seres amados. Permitir que el impulso y la gratificación inmediata dominen el juicio. Descuidar el rendimiento en la escuela, romper compromisos, abandonar puestos de trabajo.

A medida que se acumulan los problemas derivados de las malas decisiones, la imagen y la valoración de sí mismo tienden a declinar. "Otra vez me metí en líos. Todo el mundo lo sabe. ¡No puedo hacer nada bien!"

Por último, los dos rasgos distintivos del abuso de sustancias —perder el cuidado y tomar malas decisiones— pueden entrelazarse. A medida que la pérdida de cuidado fomenta la negligencia en cuanto a sus consecuencias, las malas decisiones pueden ir en aumento. Y entonces el descuido se convierte en una estrategia para convivir con los costos negativos.

Para ayudar a romper el círculo del abuso de sustancias, los padres deben alentar a su hijo a asumir *responsabilidad*. Este camino lo conducirá de regreso a las decisiones basadas en el respeto de sí mismo y el cuidado de los demás. En esta encrucijada, los padres tendrán algunas opciones para incentivar la responsabilidad; ninguna de ellas será recibida con beneplácito por su hijo.

Pueden dejar que el chico enfrente las consecuencias de sus malas decisiones y resuelva la situación, sin disculparlo ni ahorrarle los problemas que él mismo provocó. Y también pueden restringirle libertades sociales significativas y exigir que el chico las reconquiste, demostrando una conducta más responsable en el hogar, en el colegio o en el mundo en general.

La adicción y la autoestima

El quinto nivel, *la adicción*, implica que, para sobrevivir, se depende compulsivamente de una sustancia autodestructiva. Lo que permite la *autodestrucción* en la dependencia es la negación; por lo tanto, esta es un buen indicador de la adicción: "No es un problema, además puedo dejar cuando yo quiera". Lo que *justifica* la autodestrucción en la dependencia es el resentimiento, otra buena señal de la adicción. "Cualquier persona que tuviera que aguantar esta situación se emborracharía." Hay dos componentes de la adicción que dañan enormemente la autoestima: *la pérdida del control y el comportamiento autodescalificante.*

1. *Pérdida de control.* Desde el momento en que el joven inicia el viaje en la etapa de uso experimental hasta que llega finalmente al consumo adictivo, ocurre una inversión en cuanto al ejercicio del control. Al principio, la decisión de la persona determinaba el consumo de la sustancia; en el otro extremo, su estado físico y psicológico dictan el uso.

A pesar de lo que la negación declara, el hecho de interrumpir lo que se ha convertido en un hábito autodestructivo puede ser abrumadoramente difícil. La racionalización insiste en prometer que la próxima vez será la última, pero la resolución de dejar no es suficiente para vencer la compulsión de continuar. A medida que el joven adicto resiste cada vez menos el atractivo de las drogas para sentirse bien o dejar de sentirse mal, su vida se torna progresivamente inmanejable. Desoyendo la razón, y a pesar de los problemas, el joven sigue consumiendo. Al verse cada vez más a merced de su compulsión, la pérdida de control sobre su propia vida reduce su autoestima: "No tengo voluntad. Soy débil. Soy un fracaso. Me detesto por ser tan impotente".

2. *Conductas contraproducentes.* Durante la recuperación, lo que los jóvenes adictos aprenden es que su dependencia de la droga pasa a ser un problema menor. Recién ahora descubren que al vivir como adictos, dedicando gran parte de sus energías diarias a satisfacer su deseo compulsivo, se habituaron sin darse cuenta a ciertas pautas de conducta también adictivas. Su vida giraba en torno a comportamientos que sostenían la adicción, y que ahora resultan contraproducentes para el deseo de recuperarse. He aquí algunas de estas conductas, subproducto de la rutina adictiva:

- *Eludir los problemas*, en vez de afrontarlos.

- *Dejar que pase el tiempo*, en vez de fijarse metas futuras.

- *Demorar la acción*, en vez de actuar en el momento oportuno.

- *Buscar los extremos*, en vez de practicar la moderación.

- *Valorar la excitación*, en vez de apreciar las cosas sencillas.

- *Gratificar el impulso*, en vez de demorar o negar la gratificación.

- *Engañar* a los demás para conseguir lo que se desea, en vez de evitar la manipulación.

- *Excusarse*, en vez de asumir responsabilidades.

- *Romper compromisos*, en vez de cumplirlos.

- *No completar los proyectos*, en vez de terminarlos.

- *Mentir a los demás y mentirse a sí mismo*, en vez de afrontar la realidad y ser sincero.

- *Acumular ofensas y culpa*, en vez de procurar librarse del resentimiento.

Estas conductas contraproducentes reducen la autoestima: "No lo logro. Dejé la droga, pero mi vida no mejora. Giro como en un vacío". La sobriedad requiere abstinencia, pero la recuperación exige algo más: aprender a convivir consigo mismo, con los otros y con el mundo, de maneras fortalecedoras para la autoestima.

Si su hijo se viera envuelto en el consumo de sustancias, al punto de llegar a la adicción, por lo general valdrá la pena intentar un tratamiento ambulatorio o una internación. Así se podrá generar un período de abstinencia forzada, evaluar el daño ocurrido, comenzar a reparar las relaciones familiares, y tal vez encaminarse hacia la recuperación. Con o sin tratamiento, casi todos los adictos de cualquier edad necesitan la ayuda de grupos como, por ejemplo, el de Alcohólicos Anónimos, para sostener la abstinencia continua y recibir orientación durante la recuperación. También hay organizaciones que atienden las necesidades de los padres. El trabajo grupal los ayudará a identificar y abandonar conductas bienintencionadas que, al posibilitar el consumo destructivo de su hijo, se tornaron autodestructivas para ellos mismos.

Recuperarse tanto del abuso de sustancias como de la adicción tiene siempre que ver con la recuperación de la autoestima.

25

EL ABANDONO Y EL ABUSO
Cuando falla el compromiso

Entre otras condiciones básicas, el niño necesita que su entorno familiar le garantice:

- *Confianza en la lealtad paterna* (la seguridad de que sus padres no lo abandonarán).

- *Confianza en el cuidado paterno* (la seguridad de que sus padres no abusarán de él).

Cuando cualquiera de estos dos compromisos se rompe, el chico se siente asustado ("¿Y ahora qué irá a pasarme?") y traicionado ("¡Los padres no deberían actuar de esta manera!"), a lo que se suma un grave riesgo a corto o a largo plazo para su autoestima.

A corto plazo, tanto el abandono como el abuso suelen provocar sentimientos de rechazo. El abandono puede vivirse como un rechazo del valor de la persona ("No le importé a mi padre lo suficiente como para quedarse conmigo") y el abuso puede vivirse como algo merecido ("Si yo no fuera tan mala persona, mi madre no me hubiera maltratado").

A largo plazo, tanto el abandono como el abuso pueden impedirle al niño (o tal vez al adulto, más tarde) conseguir lo que desea fervientemente (una relación amorosa segura y constante) porque necesita protegerse: se sacrifica la intimidad, por no exponerse a un nuevo dolor. Este miedo al compromiso puede inducir al niño a:

- *Mantenerse distante* y no comprometerse.

- *Cortar las relaciones* al más mínimo indicio de ofensa, o provocar un incidente que justifique la ruptura.

- *Asumir el control* de cualquier relación significativa, dictando los términos del intercambio.

Estas estrategias de supervivencia ocultan la creencia de que todas las relaciones amorosas son intrínsecamente inestables y peligrosas y que, por lo tanto, no son dignas de confianza. En consecuencia, los chicos abandonados o abusados, suelen encarar de manera desmoralizante, las relaciones posteriores. Procurando limitar el riesgo, pueden negarse a sí mismos la gratificación de los vínculos confiables que ansían. Como adultos que sufrieron abandono o abuso durante su infancia, pueden resolver: "No permitiré que nadie se me acerque tanto como para que yo salga lastimado nuevamente".

El abandono y la autoestima

Un niño es abandonado cuando un ser amado significativo —por lo general uno de los padres— lo deja y se aleja a tal punto que ya no forma parte de su vida como hasta ese momento. *El abandono genera la sensación persistente y dolorosa de la ausencia.*

El motivo del abandono puede ser la *muerte:* un padre fallece prematuramente, víctima de una enfermedad letal; la *discapacidad:* un padre contrae una grave enfermedad física o mental; el *divorcio:* un padre a quien no se le ha asignado la tenencia se muda y su hijo lo ve pocas veces; el *desarraigo:* una familia cambia tan seguido de lugar de residencia que el niño está siempre desorientado; la *deserción:* un padre deja de atender sus obligaciones familiares y pierde contacto con sus hijos; el *desinterés:* un padre se absorbe en un trabajo, un vínculo o una adicción, a expensas de su vida familiar.

Además de hacer que un niño se sienta desamparado, rechazado y descuidado en lo inmediato, el abandono puede afectar su autodefinición. La identidad social de una persona depende fundamentalmente de con quién se halla conectada: "Mucho de lo que soy tiene que ver con mi familia". El abandono puede disminuir la autoestima, al limitar esa sensación de pertenencia. El chico puede sentirse "menos que" lo que era antes: menos completo, porque le fue quitada una parte valiosa de su "self": "Ahora que se volvió a casar, las cosas son distintas con mamá"; "Los dos cambiamos al no estar papá todos los días conmigo"; "Cada vez que nos mudamos, dejo atrás una parte de mí".

Los niños más grandes, que han sido abandonados, describen a veces la sensación de que "algo falta" o de "tener adentro un agujero que llenar". Desafortunadamente, algunas personas tratan de compensar este vacío interior de maneras contraproducentes: con trabajo frenético, avidez insaciable de bienes materiales, series interminables de relaciones que nunca duran o incluso consumo de drogas.

Tampoco ayuda vivir en una cultura que promueve el cambio constante. La fugacidad de la moda, los objetos descartables, la inestabilidad matrimonial, la innovación tecnológica y el descontento colectivo con el statu quo dificultan el camino de cualquier persona, y con más razón, de un hijo abandonado, hacia una relación amorosa en la que se pueda confiar. Las personas se vinculan entre sí como se vinculan con los objetos: *todas las cosas y todas las personas son reemplazables*.

A veces, los padres pueden aliviar el sufrimiento del niño abandonado diciéndole: "Hay algunas cosas que nadie podrá quitarte nunca: tu carácter, tus capacidades y la opción de quererte a ti mismo. Aunque una persona abandone a otra, nunca podrá llevarse eso". Los padres con creencias religiosas también pueden decir: "Si te quitaran de golpe a todas las personas que te aman, y todo su amor, todavía podrías estar seguro de ser amado. Eres amado por el solo hecho de ser una creación de Dios".

Para recuperarse del abandono es necesario reconstruir la fe en la constancia de una relación amorosa. Lo que se requiere habitualmente no es terapia, sino vínculos terapéuticos con figuras comprometidas transicionales (amigos significativos, maestros, tutores, parientes) con los cuales la persona vuelva a aprender a confiar y a entregarse.

El abuso y la autoestima

En la crianza, al igual que en la colaboración, lo prioritario es: *tratar de no hacer daño*. El abuso es el comportamiento de los padres que provoca un daño significativo en los hijos. Puede ser *verbal:* atacando la inseguridad, con palabras sarcásticas. Puede ser *emocional:* desestabilizando con actitudes amenazantes o airadas. Puede ser *físico:* golpeando para expresar la frustración o para someter. Puede ser *sexual:* demostrando un interés carnal u obteniendo una gratificación carnal.

Además de ocasionar un grave daño en lo inmediato, *el abuso puede afectar la autoevaluación de un niño*, si se culpa a sí mismo o se avergüenza por el maltrato que ha sufrido. ¿Por qué puede culparse el niño? Porque los padres pueden echarle la culpa para eludir su responsabilidad: "¡Tú me obligaste a hacerlo!". O bien porque el hijo asume que el maltrato de un padre sólo puede ocurrir cuando es merecido: "No soy digno de que me quieran". Y a continuación de la culpa viene la vergüenza.

Sea el abuso ocasional o permanente, el niño se esfuerza por entender por qué alguien que supuestamente debería amarlo puede tratarlo de manera tan cruel y dolorosa. Para encontrar una explicación, suele involucrarse a sí mismo en lo que ocurrió.

Así, la víctima del abuso, anhelando desesperadamente creer que tiene un padre amoroso, a pesar de toda la evidencia en contra, puede juzgarse a sí mismo duramente, pensando: "No me merezco que me traten bien"; "Lo vi venir"; "Actuaron así por culpa mía"; "Si quiero que me traten mejor, deberé esforzarme por ser una persona mejor".

En respuesta al abuso sexual por parte de un miembro de la familia en quien confiaba, una joven asegura: "Me hice violar". Esta aseveración puede reflejar en parte una baja autoestima, que le impide colocar la responsabilidad donde corresponde; también expresa la creencia de que esa violación no hubiera podido ocurrir sin provocación; y por último, encierra un intento desesperado de pretender algún control sobre una experiencia que de ninguna manera pudo impedir. Recuperarse de la violación implicará liberarse de responsabilidad por el maltrato recibido, de manera que la culpa no siga dañando su autoestima.

Ningún niño tiene la culpa de haber sufrido un abuso. Así, cuando un padre comete un abuso físico para controlar una pelea con un hijo adolescente, el otro —ya se trate de la madre o del padre—, puede decirle al chico: "Aunque te negaste repetidas veces a hacer lo que te pedíamos, eso no justifica la forma en que fuiste tratado. Ningún hijo merece que le peguen". Luego, al cónyuge: "Tienes que encontrar formas no violentas de manejar los desacuerdos en esta familia".

La terapia puede servir de ayuda para que se acelere significativamente el proceso de cambio de un padre que quiere desterrar sus conductas abusivas. La clave para este cambio de comportamiento es la práctica: a través del esfuerzo consciente, reemplazar una antigua manera de actuar y reaccionar, por otra nueva, hasta que esta última se hace más natural que la anterior.

Cómo reducir el riesgo de abuso sexual

Para reducir este riesgo, cualquier sentimiento no conyugal de impulso sexual hacia otros miembros de la familia debe ser tratado seriamente, buscando ayuda terapéutica inmediata. Cualquier demora aumentará el riesgo de que un hijo biológico o adoptivo, una hermana o un hermano sufran una herida emocional irreparable. Si un hijo informa a un padre de un abuso sexual, este debe confiar en él lo suficiente como para recurrir a un terapeuta, cuyo conocimiento lo habilita para confirmar o no la acusación. *Un padre que niega el abuso sexual cometido por otro miembro de la familia se convierte en cómplice de la transgresión.*

El niño se recuperará cuando vuelva a sentirse capaz de fijar límites seguros en una relación amorosa, y de hacerlos respetar, sabiendo que podrá protegerse o marcharse ante la más mínima probabilidad de un abuso.

26
EL CARÁCTER
Y LA AUTOESTIMA

Vivir en buenos términos consigo mismo

¿Qué es el carácter, y por qué es importante para la autoestima? El carácter es una combinación de creencias y acciones, de todas las reglas de comportamiento adecuado que nos han enseñado, y de nuestra disposición a ponerlas en práctica en la vida diaria. Ejercitar nuestro carácter requiere integridad: comprometerse a tomar decisiones y practicar acciones que sean consistentes con nuestros principios éticos.

Una persona de carácter tiene la integridad de vivir de acuerdo con sus convicciones morales:

- *Consigo misma* (actuando con responsabilidad y sinceridad, por ejemplo).

- *Con los demás* (tratando a los otros con compasión y respeto).

- *Con el mundo* (apoyando la igualdad y la justicia).

Las creencias que cimentan el carácter de un niño respecto de cuál es el proceder correcto provienen de diversas fuentes. Se adquieren a través de las enseñanzas y el ejemplo de los padres, de la fe religiosa, de la educación formal, de la cultura popular y de la experiencia social, en particular de la influencia de los pares. Obviamente, no todas las creencias de origen externo son consistentes con las que se enseñan en el hogar; cuando no lo sean, los padres deben hablar del tema y reafirmar sus valores. El propósito no será argumentar para que su hijo cambie de opinión, sino poner sobre el tapete su punto de vista, para que el niño sepa cuál es su posición respecto del tema y qué razones la sustentan. Si están intentando que el niño reconsidere el asunto, habrá que evitar ponerlo a la defensiva: "Yo sé que la violencia en la película te pareció graciosa. Me gustaría contarte por qué a mí no".

Inevitablemente existe cierta diversidad ética entre una y otra generación en todas las familias. Ello no se debe a falta de carácter, sino al hecho de crecer en circunstancias diferentes en tiempos cambiantes. Por ejemplo, unos padres que creen necesario dar un diezmo para ayudar a otros menos afortunados, pueden tener hijos adultos que eligen invertir todo lo que ganan en su entorno inmediato.

Por añadidura, parte de la diversidad social más amplia también incluye la diversidad de credos éticos. Así, una cultura puede creer que es su derecho vengar ofensas históricas y permanecer hostil a sus enemigos tradicionales, por ejemplo, mientras que otra puede creer que es correcto olvidar los viejos agravios y hacer la paz con los adversarios. *El carácter depende más del ejercicio de la integridad (hacer concordar los actos con la ética) que de un código específico de valores y creencias.*

La conciencia y la autoestima

Así como la integridad sustenta el carácter, haciendo que las decisiones y las acciones se correspondan con la ética de cada uno, la conciencia es lo que le permite a la integridad supervisar su rumbo moral. *Por eso la conciencia tiene una enorme influencia en la autoestima.*

Cuando los niños actúan con integridad, de manera consistente con sus principios éticos, su conciencia aprueba el comportamiento, se sienten bien consigo mismos y su autoestima se eleva: "Estoy orgulloso de lo que elegí hacer"; "Me alegro de haber dicho lo que pensaba"; "Hice lo correcto al negarme a hacer un daño". Cuando los niños eligen no actuar con integridad, violando sus principios éticos, la conciencia desaprueba (a pesar del placer momentáneo obtenido), se sienten mal consigo mismos y su autoestima desciende. "Ojalá no lo hubiera hecho"; "Quisiera no haber dicho eso"; "Por qué no tuve el coraje de decir 'No'".

Esta última declaración merece un análisis aparte, porque las muestras de carácter son muy a menudo actos de coraje. Un niño tiene el coraje de resistir la tentación, de negarse a participar, de emitir una opinión antipática o de elegir el camino más largo y difícil, en vez de buscar la solución más cómoda.

Cada vez que los padres observan a un hijo actuar con integridad, según su conciencia, afrontando un costo personal por apostar a lo que considera correcto, es preciso que reconozcan el coraje que implicó esa decisión y que resalten el beneficio para su autoestima: "No siempre es fácil tomar las decisiones correctas en la vida, pero cuando lo haces, expresas lo mejor de ti. Si actúas según tus principios, tendrás una buena opinión de ti mismo; a eso se reduce justamente la cuestión de una sólida autoestima".

La adolescencia pone a prueba el carácter

El adolescente cuestiona las reglas de conducta que aprendió de niño y que ahora se siente tentado a desobedecer. De esta manera, pone continuamente a prueba su carácter:

151

- Un adolescente puede sentirse tentado a *mentir* para conseguir libertad, para hacer lo prohibido o para no ser descubierto. La elección entre el anhelo de una libertad mal habida y el deseo de seguir actuando con sinceridad frente a sus padres es una prueba común para el carácter del adolescente.

- Un adolescente puede sentirse tentado a *negar su responsabilidad personal,* inventando excusas o eludiendo la culpa para no afrontar las consecuencias de una mala decisión. La elección entre el impulso de no querer rendir cuentas y la necesidad de admitir el protagonismo de un hecho es otra prueba común para el carácter de un adolescente.

- Un adolescente puede sentirse tentado a *renunciar a metas valiosas,* para eludir una tarea esforzada que no disfruta hacer. La elección entre la retribución de la perseverancia y el ahorro de esfuerzo es una prueba común para el carácter del adolescente.

Uno de los roles de los padres durante la adolescencia de sus hijos es mantener vigentes las reglas que les enseñaron de niños. No se trata de castigar, avergonzar o provocar culpa, cuando se descubre un desliz de carácter. Más bien, el rol de los padres es marcar un rumbo moral cuando la tentación induce al joven a alejarse de la conducta que él considera correcta, poniendo en riesgo su autoestima.

Para afrontar estas pruebas, vale la pena recordar algunos sabios consejos:

- No comprometas tu persona, porque es todo lo que tienes.

- Trátate bien a ti mismo, actuando bien siempre que puedas.

- Para estar conforme contigo mismo, sé fiel a lo que crees y sé sincero con los demás.

152

- No confundas el carácter con la reputación; tú controlas tu carácter pero no tu reputación.

- Hay dos fuentes de felicidad: conseguir lo que deseas y hacer lo que está bien; la segunda dura más que la primera.

27

LAS EMOCIONES Y LA AUTOESTIMA
Los sentimientos son buenos informantes pero malos consejeros

A los seres humanos les son dadas varias maneras de informarse sobre sí mismos y sobre su experiencia de vida:

- Pueden ser *intuitivos:* perciben el mecanismo interno de las cosas, por ejemplo.

- Pueden ser *espirituales:* se conectan con una presencia universal para iluminarse, por ejemplo.

- Pueden ser *corporales:* ven o tocan lo que los rodea, por ejemplo.

- Pueden ser *intelectuales:* piensan sobre lo que ocurrió, por ejemplo.

- Pueden ser *emocionales:* observan qué sienten ante un hecho dado, por ejemplo.

Todas estas son capacidades vitales que brindan información sobre el mundo interno y el mundo externo. El conocimiento emocional, como todos los demás, favorece la confianza: "Sé lo que está pasando". *Entender lo que uno está sintiendo fortalece la autoestima, al proporcionar un grado de control:* "Estoy desilusionada y simplemente quiero estar sola durante un tiempo". La ignorancia suele producir el efecto opuesto, generando confusión: "¡No sé qué me pasa!".

Los sentimientos como buenos informantes

Las emociones informan a una persona qué está sintiendo en respuesta a una situación de vida significativa, y la estimulan a reaccionar. Pueden conferir el poder de dar una respuesta expresiva ("Estoy enojado"), o correctiva ("Por favor no vuelvas a hacer eso"), o defensiva ("Voy a informar lo que has hecho"). Dadas sus propiedades informativas y estimulantes, siempre es útil prestar atención a las emociones; de una forma u otra, todas dicen lo mismo: "Mantente alerta, algo importante está pasando en mi vida en este preciso momento, algo que tal vez merezca una respuesta".

Aunque los sentimientos no son ni buenos ni malos, las personas tienden a hacer esta distinción, basándose en cómo experimentan la emoción. Así, las emociones "buenas" incluyen el orgullo (asociado al logro), el amor (asociado a la devoción), la alegría (asociada a la realización), el interés (asociado a la atracción) o la gratitud (asociada a la apreciación). Por lo general, para todo el mundo es placentero experimentar estos y otros sentimientos positivos. En cambio, experimentar las "malas" emociones causa infelicidad; estas últimas suelen incluir el miedo (asociado al peligro), el dolor (asociado a una herida), la pena (asociada a una pérdida), la ira (asociada a una transgresión), o la frustración (asociada a un bloqueo).

La educación emocional

Es preciso enseñar a los niños a reconocer las emociones, a rotularlas, a hablar sobre ellas y a manejar los sentimientos, de manera que las emociones trabajen a favor y no en contra de ellos mismos. Esta educación emocional es responsabilidad de los padres y puede incluir los siguientes elementos:

1. Para cultivar *la conciencia emocional*, los padres pueden enseñar a ejercitar la sensibilidad, escuchando: "Cuando te sientes perturbado por algo fuerte dentro de

ti, y no sabes qué es, intenta quedarte callado y prestarte atención. Tal vez oigas una voz interior o veas una imagen que te indicará qué está ocurriendo emocionalmente. Tienes que practicar, para darte cuenta de cuáles son tus sentimientos".

2. Para cultivar *la confianza emocional*, los padres pueden validar la autoridad del niño para saber lo que siente: "No es asunto de nadie decidir qué estás sintiendo ni decirte si deberías o no sentirte de esta manera. Te guste o no te guste, y aunque los demás no estén de acuerdo, debes aceptar tus sentimientos tal como son".

3. Para cultivar *la cultura emocional*, los padres pueden enseñar a rotular con etiquetas descriptivas —palabras, frases, imágenes— un estado emocional para expresarlo verbalmente: "Una vez que aprendes a ponerles palabras a tus sentimientos, puedes describir tus emociones a los demás".

4. Para cultivar *la comunicación emocional*, los padres pueden explicarle al niño que, si habla sobre sus sentimientos, podrá resolver muchos problemas en la vida: "Si puedes decirme qué hice para que te sientas así, tal vez pueda hacer las cosas de manera distinta la próxima vez y evitar que te sientas mal".

Los sentimientos como malos consejeros

Las emociones, en particular las del tipo desafortunado, suelen plantear un riesgo especial para la autoestima de un niño. La razón de este peligro es que *si bien las emociones son muy buenas informantes, resultan a la vez muy malas consejeras.* Cuando el chico permite que sus sentimientos "piensen" por él, a menudo lo que él "siente" que redundará en beneficio es justamente lo que empeorará la situación. Se le está permitiendo al estado emocional determinar la elección cognitiva.

Considere unos pocos ejemplos:

- *La depresión* aconseja: "permanece inactivo", en vez de ponerse en marcha por iniciativa propia para mejorar las cosas.

- *El desaliento* aconseja: "fíjate en todo lo negativo", en vez de mirar lo positivo para mejorar las cosas.

- *La ira* aconseja: "véngate", en vez de buscar una manera de manejar la ofensa para mejorar las cosas.

- *El miedo* aconseja: "huye", en vez de sostener y afrontar la amenaza para mejorar las cosas.

- *La impotencia* aconseja: "renuncia", en vez de seguir intentando para mejorar las cosas.

- *La soledad* aconseja: "enciérrate", en vez de salir para mejorar las cosas.

- *La timidez* aconseja: "cállate", en vez de expresar una opinión para mejorar las cosas.

- *La vergüenza* aconseja: "ocúltate", en vez de comunicarse abiertamente para mejorar las cosas.

Es bueno que los niños tengan en claro el papel de las emociones y aprendan a tratarlas como buenos servidores que refuerzan la autoestima, y no como malos amos que la perjudican: *"Recurre a tus sentimientos para informarte, y a tus pensamientos para decidir qué hacer".*

28

LOS PENSAMIENTOS Y LA AUTOESTIMA
La importancia del diálogo interno

Como sugerimos en el capítulo anterior, la autoestima sale ganando cuando un niño aprende que los sentimientos son buenos informantes, aun cuando la noticia emocional sea mala: "Me siento solo"; "Estoy desilusionado"; "Me da vergüenza".

Las emociones dicen la verdad del momento, y esta conciencia de sí, aunque sea desagradable, convalida la experiencia del niño. "Me preocupa lo que pueda pasar." Disimular la emoción o mentirse, aliena al niño: "No tengo miedo de nada". Es difícil sentirse conectado y estar bien consigo mismo cuando uno niega lo que siente. Esta falta de sinceridad es uno de los enemigos de la autoestima e induce a las personas a ocultar a los ojos de los demás y a los propios cómo es que son en realidad.

Los pensamientos pueden ser independientes de los sentimientos

Como también mencionamos antes, la autoestima de un niño sale beneficiada cuando se le enseña que sentirse mal no tiene por qué impulsar conductas que empeoren la situación. Sabiendo que las emociones suelen ser malas consejeras, los niños pueden usar el poder de su pensamiento (de la comprensión y la razón) para actuar de maneras tendientes a aliviar el sufrimiento: abrirse socialmente para salir de la soledad, hacer algo placentero para compensar una desilusión, u objetar una burla para no sentirse avergonzados. Los niños pueden aprender a desautorizar el consejo del corazón con el consejo de la cabeza.

Los sentimientos pueden depender del pensamiento

El pensamiento puede no sólo imponer una restricción al consejo emocional, sino también influir en la naturaleza de la experiencia emocional. El niño que entiende esta vinculación puede asumir un rol activo en sus sentimientos. Veamos tres maneras de conseguir este efecto:

1. Pueden elegir *cómo creen que son*. Hay una enorme diferencia emocional entre creer que "Está bien así como soy" (sentirse valioso) y creer que "No voy a ser nunca lo suficientemente bueno" (sentirse deficiente).

2. Pueden elegir *cómo interpretar los hechos adversos*. Hay una enorme diferencia emocional entre interpretar la acción desagradable de alguien como "No estaban prestando atención" (como un hecho objetivo) y "Lo hicieron a propósito para molestarme" (como un agravio).

3. Pueden elegir *cómo pronosticar el futuro*. Hay una enorme diferencia emocional entre prever que "Pueden pasar cosas mejores si lo sigo intentando" (sentirse esperanzado) y que "Nada resultará por más que me esfuerce" (sentirse desalentado).

Los pensamientos negativos y positivos pueden influir poderosamente en la autoestima. El pensamiento negativo propicia la preocupación, el pesimismo, la apatía y la inacción. El pensamiento positivo alienta la confianza, el optimismo, el entusiasmo y el esfuerzo. Dijo una vez Abraham Lincoln: "Las personas son tan felices como deciden serlo".

El manejo del significado

De esta forma, los niños aprenden a tomar decisiones basándose en las consecuencias de cada tipo de pensamiento. Cuando a un niño le ocurre algo indeseado u obtiene un mal resultado, los padres pueden prestar atención a las creencias, las interpretaciones y los pronósticos que su hijo está usando para elaborar lo que ha sucedido. Por ejemplo, pueden ver qué *significado* le atribuye al hecho de no formar parte de un equipo, una vez superada la desilusión.

	Significado negativo	Significado positivo
Creencia:	"Soy un pésimo atleta".	"Me ganaron otros mejores".
Interpretación:	"Nadie me querrá en su equipo".	"Puse lo mejor de mí".
Pronóstico:	"No seguiré jugando".	"Veré de qué otra manera puedo seguir jugando".

Los padres desempeñan un rol muy importante, a la hora de enseñarle al niño a abordar positivamente los obstáculos de la vida diaria. Dado que la percepción puede condicionar la emoción, es preciso monitorear el significado que el niño atribuye a lo que pasó. Si lo observan empleando el pensamiento positivo para sostener su autoestima después de un revés, los padres deben reforzar esa actitud mental. Si, por el contrario, detectan pensamientos negativos, deben procurar señalar la elección que está haciendo el chico, las consecuencias emocionales resultantes y sugerir formas alternativas de interpretación del hecho.

Podrían explicarle a su hijo: "Tu estado emocional depende en parte de qué eliges creer de ti mismo, cómo eliges interpretar tu experiencia y cuál es tu pronóstico de lo que puede ocurrir de aquí en más. Por lo tanto, cuando algo te

160

hace sentir mal, siempre es útil plantearte la pregunta: ¿Qué estoy pensando? Muchas veces, *para cambiar lo que uno siente, basta cambiar lo que uno está pensando*". Luego enséñele la técnica para hacerlo: "Las personas se hablan a sí mismas, en silencio, todo el tiempo. A esto se lo llama diálogo interior. Cuando estés triste, fíjate qué te estás diciendo a ti mismo. Si descubres dentro de tu cabeza mucho diálogo desalentador, interrúmpelo con otro más positivo y mantenlo hasta que empieces a sentirte mejor".

29

LAS EXPECTATIVAS Y LA AUTOESTIMA
La previsión, la motivación y la aptitud

- Cuando un niño puede prever *acertadamente la realidad*, y no deja que los acontecimientos lo tomen completamente desprevenido, adquiere la noción de control.

- Cuando un niño puede *impulsar positivamente su desempeño*, y no abandona el deseo de intentar, adquiere la noción de propósito.

- Cuando un niño puede *vivir aceptándose a sí mismo*, sin sentirse amenazado por no cumplir estándares personales, adquiere la noción de satisfacción.

Qué son las expectativas

Las expectativas son escenarios mentales que las personas crean con dos propósitos:

1. *Encuadrar la realidad en la que viven*, para tener un marco de referencia.

2. *Prepararse para la realidad que vendrá:* "Esto es lo que preveo que sucederá".

Sin el beneficio de la expectativa, una persona puede sentirse desorientada en el presente ("no tengo idea de lo que debería estar haciendo") y temerosa de un futuro que resulta desconocido ("no tengo ni idea de cómo va a ser esta experiencia").

Hay tres tipos comunes de expectativas que le sirven a un niño para enmarcar el presente y prever el futuro:

- *Las predicciones:* lo que el niño creía que iba a pasar o cree que va a pasar: "Aprobaré este examen".

- *Las ambiciones:* lo que el niño deseaba que ocurriera o desea que ocurra: "Quiero que me elijan para ser líder de la clase".

- *Las condiciones:* lo que el niño cree que debería haber pasado o cree que debería pasar: "Debería tener más libertad que mi hermanito porque soy mayor".

Como las expectativas no se heredan sino que se eligen, y no son fijas sino flexibles, *es posible enseñarle a un niño a crear expectativas que resulten beneficiosas para su persona.*

Expectativas para prever acertadamente la realidad

Cuando un chico elige expectativas que coinciden con lo que más tarde ocurre en la realidad, el resultado es un cierto grado de afirmación. Así, cuando el niño cumple su *predicción* y aprueba el examen, tiende a sentirse seguro. Cuando el niño ve cumplida su *ambición* y es elegido líder de la clase, se siente realizado. Y cuando obtiene la *condición* que pedía y se le da más libertad, se siente satisfecho. Los escenarios mentales tienen consecuencias emocionales, y cuando las expectativas positivas que las personas crean para adecuarse a la realidad se cumplen, motivan por lo general sentimientos placenteros que refuerzan la autoestima.

Inversamente, cuando un niño crea una serie de expectativas no realistas, que no se cumplen, la reacción suele ser negativa y la autoestima se ve disminuida. Si el chico desaprueba el examen (cuando se predijo la aprobación) se siente sorprendido y ansioso: "¡No entiendo por qué me fue tan mal!". Si no es elegido como líder de clase (cuando lo que deseaba era la elección) se siente desilusionado y triste: "Me siento decepcionado por no haber sido elegido". Si no se le da más libertad que a su hermano menor (cuando un trato diferente parecía totalmente justo) el chico se siente traicionado y enojado: "¡No es justo que se nos permita lo mismo, a pesar de que soy mucho mayor!".

Cuando los padres observan a su hijo eligiendo un conjunto de expectativas que no se adecuan a la situación presente o a lo que probablemente ocurra, pueden sugerirle revisarlas con un criterio más realista. *Es muy importante el rol que cumplen los padres enseñando a sus hijos a desarrollar expectativas que se adecuen al presente y prevean los cambios futuros de manera realista.* Por ejemplo, cuando preparan a su hijo para ingresar en la escuela secundaria, los padres pueden decirle: "Es probable que tus futuros profesores sean más exigentes y menos tolerantes que tus maestros de ahora, para ayudarte a adquirir más autonomía y responsabilidad. Deberás prever que te digan un montón de cosas sólo una vez (predicción), que no te brinden tanta atención individual como desees (ambición), y que no te den una segunda oportunidad aunque creas que la mereces (condición)".

Quien persiste en expectativas que no se adecuan a la realidad, sea niño o adulto, se expone a verse continuamente sobresaltado por la sorpresa y la ansiedad, la desilusión y la tristeza, la traición y el enojo. Así, el muchacho que espera recuperar a su ex novia, cuando esta puso muy en claro que el romance había terminado, prolonga su infelicidad rehusándose a aceptar lo que no puede cambiar. Con el paso del tiempo, se sentirá cada vez peor, incluyendo cómo se siente respecto de sí mismo.

También *es factible aferrarse a expectativas poco realistas para racionalizar conductas perjudiciales, negando la realidad de una situación.* Por ejemplo, una estudiante de quince años, en ocasión de su primer idilio, alienta expectativas que la exponen a un trato abusivo por parte de un sujeto mayor. Los padres, procurando por todos los medios evitar que su hija salga lastimada una y otra vez, se estrellan contra un muro de expectativas ilusorias, cada vez que le manifiestan su preocupación. Veamos cómo la muchacha defiende la determinación de seguir enamorada:

- Su *pronóstico*, basado en el miedo es: "Si pierdo esta relación, me sentiré tan desvalorizada que nunca podré conseguir otro novio".

- Su *ambición*, basada en la esperanza es: "Quiero creer que el episodio de ayer fue su último acto abusivo, y que de ahora en más va a cambiar para mejor, porque yo lo amo".

- Su *condición*, basada en la culpa es: "Yo debería complacerlo y ser más buena con él, para que estos episodios no sigan ocurriendo".

Los escenarios mentales influyen en la conducta. A veces se recurre a expectativas no realistas para justificar o permitir un mal comportamiento. Los padres pueden enseñar al niño la clave de esta distinción: "Aunque es importante sostener expectativas que concuerden con la realidad (para aceptar lo que no puedes cambiar), a veces es importante ajustar las circunstancias a un marco saludable de expectativas (para cambiar aquello que es posible)". Y a continuación pueden sugerir ejemplos: "En una relación amorosa saludable, deberás esperar que te guste la forma en que te tratas a ti mismo, la forma en que tratas al otro y cómo el otro te trata en consecuencia".

Las expectativas que motivan el desempeño

Las expectativas también sirven para inspirar (o desalentar) el desempeño. Por eso, el entrenamiento deportivo es en buena medida un trabajo mental y no sólo corporal. El arte del entrenador es motivar a los jugadores y disponerlos mentalmente para ganar, creyendo que pueden hacerlo, y no por el contrario, que no pueden. Una de las tareas de los padres es enseñar a sus hijos a motivarse para velar por su bienestar personal, afrontar desafíos y perseguir metas significativas. Para ello, pueden explicarles de qué manera los escenarios mentales influyen en la motivación, describiendo el poder de las expectativas alentadoras y desalentadoras:

	Expectativa alentadora	*Expectativa desalentadora*
Predicción:	"Seré capaz de lograrlo".	"Nunca lo lograré".
Ambición:	"Quiero alcanzar mis metas".	"No quiero intentarlo".
Condición:	"Daré lo mejor de mí".	"Debería desistir".

Las expectativas positivas motivan el esfuerzo, incrementan la probabilidad del resultado deseado y, a través de este proceso, reafirman la autoestima. Las expectativas negativas desalientan el esfuerzo, aumentan la probabilidad de un resultado no deseado y erosionan la autoestima. Los padres pueden explicarle a su hijo: *"Si crees en alternativas positivas para ti, te será más fácil lograr tus aspiraciones y hacer que tus sueños se hagan realidad"*.

Las expectativas y la aceptación

Hay una pregunta crucial que los padres pueden hacer a su hijo: "¿A quién te esfuerzas más en complacer?". En un primer momento, el niño puede mencionar autoridades externas, como los padres o los maestros. Pero la pregunta apunta a otra cosa. El propósito de los padres es lograr que el chico reconozca la autoridad interna, cuya opinión cuenta por encima de todas las demás: sus propias expectativas en cuanto a su nivel de desempeño. Y quieren ayudar al chico a distinguir las expectativas que favorecen la aceptación de aquellas que fomentan la sensación de insuficiencia. Las expectativas de rendimiento crean la atmósfera interior en la que un niño convive diariamente consigo mismo.

	Expectativa de aceptación	Expectativa de insuficiencia
Predicción:	"Haré lo que pueda".	"Nunca será suficiente".
Ambición:	"Deseo lo que tengo".	"Quiero tanto como los demás".
Condición:	"Debo ser así como soy".	"Debería ser como los demás quieren".

Las expectativas de aceptación crean una atmósfera interior de satisfacción que favorece la paz de espíritu y refuerza la autoestima: "Estoy agradecido de ser la persona que soy". Las expectativas de insuficiencia crean una atmósfera interior de insatisfacción que genera estrés permanente y socava la autoestima: "No importa cuánto haga o cuánto tenga, nunca es suficiente". Los padres pueden explicarle a su hijo: *"Tú puedes decidir los términos en los que convives contigo mismo, eligiendo expectativas que refuercen la aceptación de lo que eres, de cómo eres y de lo que puedes hacer"*.

Las *expectativas* son escenarios mentales que un niño puede aprender a crear en beneficio de su autoestima:

- Empleándolas para *ajustarse a la realidad y preverla.*

- Empleándolas para *motivar positivamente su desempeño.*

- Empleándolas para *vivir aceptándose a sí mismo.*

30

~~~~~~

EL ESTRÉS
Y LA AUTOESTIMA
Conservar la energía y limitar el cambio

Al erosionar el bienestar de una persona, el estrés puede herir su autoestima de cuatro formas distintas, en orden creciente de gravedad:

- El primer nivel es *la fatiga:* "Estoy cansado y desalentado casi todo el tiempo". A medida que el cansancio reduce la energía disponible, ensombreciendo las perspectivas personales, la negatividad puede herir la autoestima.

- El segundo nivel es *el dolor:* "Estoy muy dolorido y me irrito fácilmente". A medida que el sufrimiento desgasta la resistencia, la hipersensibilidad puede herir la autoestima.

- El tercer nivel es *el agotamiento:* "Sencillamente ya no me importa". A medida que deja de importar lo que significaba tanto, la apatía puede herir la autoestima.

- El cuarto nivel es *el colapso:* "Me siento tan mal que no puedo hacer lo que debería". A medida que la limitación física y emocional restringe la capacidad operativa normal, la incapacidad para actuar hiere la autoestima.

Aquellos padres que creen que el estrés es un subproducto del proceso de hacerse adulto, podrían preguntarse: ¿qué tiene que ver el estrés con un niño?

Los adultos son principalmente vulnerables al estrés, debido a las exigencias de su independencia. Hay que asumir un sinnúmero de responsabilidades por uno mismo, y cuando se tiene una familia, por otros también. Sin embargo, los niños son mayormente vulnerables al estrés, debido a las exigencias de su dependencia. El hecho de vivir según los términos de un conjunto de autoridades adultas significa que el niño no tiene control sobre muchas demandas y cambios que gobiernan su vida.

Qué es el estrés

El estrés es una reacción de supervivencia frente a lo que se interpreta como una crisis o una situación abrumadora. Le permite a una persona generar energías para superar la urgencia y sobrevivir. El estrés, gatillado por una sensación de amenaza, plantea una pregunta alarmante: "¿Lograré vencer este desafío?, y si no puedo, ¿qué me pasará?". Después, una vez que la crisis quedó atrás para bien o para mal, *el costo del estrés deberá pagarse.* Lo común es que el consumo extraordinario de energía agota momentáneamente las reservas físicas y emocionales, y la persona necesitará descansar un tiempo para recuperarse.

La exigencia desmedida

Una fuente habitual de estrés, tanto para adultos como para niños, es la exigencia desmedida: sentir que lo que uno tiene que hacer excede el tiempo y las energías disponibles. Los padres pueden explicar de la siguiente manera la relación entre demanda excesiva y estrés:

- En respuesta a cada demanda de las circunstancias, que te imponen los demás o te impones tú mismo, debes gastar una cantidad determinada de energías.

- La energía es el potencial de cada uno para hacer o actuar, y es limitada. Nadie posee una reserva infinita de este recurso vital.

169

- Mientras esas demandas exigen una cantidad menor o equivalente a tu energía disponible, te sentirás bien.

- Cuando esas demandas exceden tu reserva de energía, provocan estrés en la medida en que te fuerzas a producir energía adicional para superar el desafío.

La dilación

Inmediatamente después, los padres pueden ilustrar la relación entre la exigencia excesiva y el estrés, describiendo un motivo muy común de estrés "autoinducido", bien conocido por la mayoría de los estudiantes. Es el que generan los escolares, y que a menudo terminan adoptando como método para hacer los deberes: la dilación, el juego de "primero demorar-después apurar".

Por ejemplo, aunque la tarea se asignó dos semanas atrás, el estudiante crea la urgencia al comenzar el trabajo recién la víspera del día de entrega. Como consecuencia de la demora, lo que empezó siendo una exigencia se convierte en una sobreexigencia. Habiendo demorado la tarea tanto tiempo, ahora habrá que correr hasta el último minuto. El joven trabaja toda la noche, energizado por la sensación de amenaza y tal vez sostenido por algún estimulante como la cafeína. Ha empleado la presión del plazo de entrega como motivación para vencer la resistencia a completar una tarea poco grata. Es verdad que el estrés le ha permitido poner manos a la obra, pero no sin pagar un costo físico y emocional significativo, una vez que la urgencia haya sido resuelta. Quedará la fatiga ("Estoy agotado") y tal vez algún dolor ("¡Estoy irritable y quiero que me dejen solo!"). Como los niños tienden a eludir lo que no les divierte hacer, los padres pueden al menos explicar por qué la dilación es tan costosa: "Cuanto más tardes en hacer algo, más te estresarás al final para hacerlo. Es muy distinto hacer el trabajo a tiempo, con calma y relajado, que hacerlo tarde, poniéndote ansioso hasta terminar agotado".

Dos invitaciones al estrés

Si *una invitación al estrés es la demanda excesiva, la otra es el descuido de uno mismo*. En el primer caso, la energía se gasta en exceso; en el segundo, no se repone lo suficiente. Será bueno enseñarle a su hijo las dos leyes de la energía personal. La primera ley (que ya mencionamos) dice: *la energía personal es limitada*, nunca inagotable. La segunda ley dice: *la energía personal debe ser renovada* para mantenerse en un nivel adecuado. La violación de cualquiera de estos dos principios conducirá probablemente al estrés.

El mantenimiento y la renovación

Es importante que su hijo sepa cómo renovar sus energías; para ello podrá explicarle las actividades que contribuyen regularmente a su mantenimiento, y que pueden no ser particularmente interesantes o divertidas; simplemente proveen energías para las necesidades básicas y recurrentes de una persona, de manera que esta pueda emprender cada jornada con un nivel de energía adecuado a las demandas habituales. El mantenimiento diario incluiría la satisfacción de necesidades esenciales como comidas regulares, buena nutrición, higiene básica, relajación suficiente, contacto amoroso con vínculos significativos y una adecuada cantidad de horas de sueño. Tarde o temprano, si se descuidan estas y otras actividades de mantenimiento, el organismo del chico fallará, pues no habrá energía suficiente para cubrir las demandas habituales. Si esta renovación deficiente se prolonga, el niño podrá expresar el déficit de energías a través de los cuatro síntomas de estrés que ya mencionamos: *fatiga* (se siente torpe y adormilado), *dolor* (está raro y lloroso), *agotado* (permanece indiferente y pasivo) o *colapso* (cae enfermo con mucha facilidad y tarda mucho en recuperarse). El mensaje de la autoestima es: *"Una forma importante de sentirte bien contigo mismo es cuidar de ti mismo diariamente"*.

Las demandas del cambio

Si la vida se redujera a cubrir las necesidades de mantenimiento, sería mucho más fácil manejar el estrés. Pero la vida es más complicada. Además de las necesidades habituales, debemos responder a las exigencias continuas de *cambio*. Se le puede dar a un hijo una *definición operativa*, que lo ayudará a detectar cuándo y dónde hay un cambio en su vida: "El cambio está ocurriendo en tu vida siempre que algo nuevo *comienza*, que algo viejo *termina*, que la frecuencia o la cantidad de algo *aumenta*, y que la frecuencia o la cantidad de algo *disminuye*".

Muchos cambios son voluntarios; el niño los elige para su satisfacción personal: iniciar una amistad, abandonar una actividad para la que ya es grande, tener más tiempo libre, gozar de menos restricciones sociales a medida que madura. Sin embargo, casi todos los cambios en la vida son involuntarios; no responden a los deseos del niño ni están bajo su control: ingresar en una nueva escuela porque la familia se mudó; terminar un romance porque la otra persona decidió romperlo; asumir más responsabilidades en el hogar porque los padres se divorciaron, o tener menos tiempo a solas con un padre que se ha vuelto a casar.

Como el cambio obliga a adaptarse a una nueva circunstancia, requiere un esfuerzo especial, que excede la demanda normal de mantenimiento. Este costo energético determina que las personas tengan una tolerancia limitada al cambio, la fuente principal de sobreexigencia y estrés en sus vidas. Sabiéndolo, los padres pueden instar a sus hijos a mantener el ritmo de cambio en un nivel razonable. El mensaje de la autoestima es: *"Una forma importante de sentirte bien contigo mismo es no comprometerte a un exceso de cambios".*

Por qué los niños se tornan tan vulnerables al estrés

Es difícil enseñar a los hijos la importancia de un mantenimiento adecuado y los riesgos del cambio excesivo, porque los niños tienden a valorar muy poco la renovación de energía y a valorar por demás el cambio. Desde su punto de vista, el mantenimiento implica repetir una y otra vez la rutina de siempre. Cualquiera termina aburriéndose, ¿dónde está la diversión? Pero el cambio tiene una seducción especial para la juventud. Es la oportunidad de probar por primera vez cosas exóticas, variadas, diferentes, nuevas y excitantes. ¿Quién no prefiere la emoción del cambio a la monotonía del mantenimiento?

Desgraciadamente, aquí entra a jugar el mercado, vocero implacable del cambio. Se explota incansablemente el desprecio de los jóvenes por lo viejo y su avidez por lo nuevo, ofreciendo, publicitando y exaltando la última moda, el entretenimiento más novedoso y el juguete más original. Los chicos compran el cambio, sin saber que tienen una tolerancia limitada y que más adelante pagarán un precio. Al no haber aprendido a preservar su salud y a resistir los embates del cambio excesivo, crecen desprotegidos frente al estrés. Su autoestima puede estar en peligro porque se exceden a un costo alto y no hacen lo suficiente en beneficio propio.

El mensaje de la autoestima es: *"Cuanto mayor sea la cantidad de cambios voluntarios e involuntarios que están ocurriendo en tu vida, más imperioso es que te ocupes de renovar tus energías".*

Cómo evitar el cambio excesivo

Los padres pueden enseñar a sus hijos a limitar el cambio, describiendo dos tipos de situaciones difíciles en las que debe optarse por una misma y enérgica respuesta: "No".

173

1. Para resistir la exigencia desmedida de cambio, suele ser necesario decir "No" a los demás: *"Si vas por la vida dejando que otras personas te condicionen con sus demandas, estarás continuamente expuesto a mucho estrés".*

2. Para resistir el cambio excesivo, a veces hay que decirse "No" a uno mismo: *"Si dejas que la tentación condicione tu placer en vez de respetar tus límites y decir basta, terminarás pagando la diversión con estrés".*

PREGUNTAS Y RESPUESTAS

¿Es un rasgo saludable en todas las culturas tener una sólida autoestima?

No necesariamente. De hecho, las culturas extremadamente comunitarias pueden creer justamente lo contrario, al considerar este énfasis en el individuo como una amenaza para el bien común. O piense en el budismo, una de las religiones mayoritarias del mundo, que predica la negación de uno mismo y la aspiración de trascender la individualidad para alcanzar un nivel más alto de conciencia espiritual. *Que el concepto de autoestima sea apreciado en una cultura no significa que sea universalmente valorado.*

¿Hay alguna relación entre el ejercicio regular y la autoestima?

Aunque nuestra cultura, a través de la publicidad y los medios masivos, exalta la silueta, también promueve los hábitos sedentarios, al ofrecer infinitas opciones de entretenimiento pasivo. El ejercicio regular ayuda a mantener la sensación de bienestar físico, emocional y mental de una persona (ver el Capítulo 30). En general, cuantos más pilares sostengan la autoestima de un chico, mejor será, y el ejercicio es uno de los que se pueden controlar con facilidad. Le permite al niño, literalmente, invertir en sí mismo por su propio bien, y sentirse satisfecho consigo mismo por haberlo hecho.

¿Es bueno para la autoestima de un niño ser socialmente activo?

Por temperamento, a algunos chicos, ya desde muy pequeños, les gusta salir, mientras que otros parecen preferir quedarse adentro o estar a solas. Un chico introvertido, al que le agradan los pasatiempos solitarios y que frecuenta sólo a unos pocos buenos amigos, puede tener una sólida autoestima. Sin embargo, hay algo que debemos destacar en cuanto a la conveniencia de tener un hijo socialmente activo en la mayor cantidad de círculos posibles, sean estos el vecindario, el resto de la familia, la iglesia, los deportes, las actividades voluntarias, los grupos de intereses compartidos, o cualquier otro. En particular, durante los años de mayor crueldad social (entre el final de la escuela primaria y mediados del secundario), puede ser una enorme ventaja para un chico tener amistades fuera del colegio, no contaminadas por las políticas de mezquindad social que suelen gobernar la dura realidad del ámbito escolar. Así, un mal día en el colegio no significará socialmente el fin del mundo para ningún chico.

¿Puede herir la autoestima la rivalidad entre hermanos?

Todo depende del motivo de la rivalidad y de cómo se la maneje. La rivalidad entre hermanos puede realzar la autoestima si se la pone en juego como una competencia amistosa que ayuda a desarrollar el saludable aspecto competitivo de cada uno: "Nos exigimos mutuamente para ganar". En cambio, cuando se la convierte en una lucha despiadada que tiene como objetivo imponer dominio o superioridad a cualquier costo, la rivalidad entre hermanos puede herir la autoestima: "La cuestión es lograr que el otro se sienta mal y se vea mal".

La rivalidad suele ser más intensa cuando los hermanos tienen edades parecidas y son del mismo sexo. Si no están lo suficientemente diferenciados, tratarán de ganar la batalla de su semejanza, de la única manera que conocen: compitiendo con el fin de ver cuál es más apto para ser como ambos desean (una autodefinición compartida). En un intento por atenuar la rivalidad, los padres pueden sustituir esta meta con otra: establecer cuáles son las diferencias entre ambos. El objetivo es devolverle a cada niño la libertad de desplegar los intereses y las habilidades personales que le son únicas. Al apoyar el desarrollo de la diversidad natural en los dos hermanos, se logrará reducir la presión de la similitud y la intensa rivalidad que es factible generar: "Nos llevamos tan bien porque somos muy diferentes".

¿Puede herir la autoestima la competencia con los padres?

Sí, en particular si los padres son los que compiten, tratando de no perder terreno frente al creciente poder de sus hijos adolescentes. ¿Qué tipo de poder? Poder en cuanto a atractivo físico, proezas atléticas, éxito mundano, felicidad personal y oportunidades futuras, por citar unos pocos ejemplos. Puede ser duro para los padres aceptar esta realidad: en la adolescencia comienza a desplegarse la vida de un hijo, justo cuando los padres entran en la mediana edad y sus perspectivas tienden a limitarse. Mientras observan los primeros síntomas de su propia declinación, contemplan el ascenso de sus hijos hacia la plenitud de su femineidad o masculinidad. Ante esta comparación dolorosa, los padres inseguros pueden hostigar o desvalorizar al adolescente, tratando de neutralizar la amenaza que perciben. Y en este proceso puede salir dañada la autoestima del hijo: "¡Por más que me arregle, mi madre siempre encuentra motivo para criticarme!"; "Aunque le repito que es un juego, mi padre se enoja de veras cuando va perdiendo".

En general, lo mejor que pueden hacer los padres es admitir lo que significa en realidad esta competencia: es la envidia natural que experimentan al lamentarse, no por las conquistas del adolescente sino por lo que han perdido al envejecer.

¿Pueden disminuir la autoestima de los padres las luchas de poder con un hijo?

Sí, en particular cuando estos conflictos surgen en tanto uno trata de cambiar lo que en realidad no puede ser controlado. La frustración y el fracaso continuos suelen generar sentimientos muy dolorosos de incompetencia. Para no esforzarse inútilmente, es necesario determinar sobre cuáles aspectos se puede influir y sobre cuáles no. En este sentido, es útil el consejo de una médica: "He aprendido como pediatra, madre y abuela, que hay cinco cosas que los padres no pueden obligar a un niño a hacer: comer, hacer caca, quedarse dormidos, ser felices y convertirse en aquello que soñamos para ellos" (Marilyn Heins, M.D., "New York Times Magazine", 7 de marzo de 1999, pág. 14).

¿Puede herir la autoestima el castigo corporal?

Sí. Los padres que se limitan a la disciplina corporal para corregir, le muestran a su hijo y se muestran a sí mismos, que no son lo bastante inteligentes a pesar de su edad y de su experiencia, como para hacerse entender y ejercer influencia de otro modo. "La fuerza tiene la razón", es el mensaje que el chico recibe, mientras sueña con alcanzar la edad en que sus padres no puedan maltratarlo más. "Le estoy enseñando a respetar la autoridad", porfía el padre, cuando en realidad lo que el chico está aprendiendo es el desprecio: "¡Sólo porque son más grandes que yo, se creen que pueden amedrentarme y pegarme como quieran!".

Es útil recordar lo que dice la Academia Americana de Pediatría, acerca del tema del castigo corporal: "Las palizas pueden aliviar la frustración momentánea de los padres e interrumpir por un breve lapso, la conducta no deseada. Pero son el modo menos eficaz de corregir. Son perjudiciales emocionalmente, tanto para el niño como para los padres. No sólo pueden resultar en daño físico, sino que también le enseñan al niño que la violencia es una forma aceptable de corrección o de expresar el enojo. Si bien detienen el comportamiento temporariamente, no enseñan una conducta alternativa. Además, interfieren con el desarrollo de la confianza, la sensación de seguridad y la comunicación eficaz (las palizas suelen convertirse en el método de comunicación). También pueden causar dolor emocional y resentimiento... El castigo corporal casi nunca es eficaz. Más bien suele ocurrir cuando un padre, incapaz de manejar con eficacia su propia ira o frustración, recurre a la agresión inapropiadamente. Cuando la conducta agresiva de un niño se maneja con más conducta agresiva de los padres, las cosas suelen empeorar, en vez de mejorar".

¿Existen señales de baja autoestima en un hijo que puedan alertar a los padres?

Sí, aunque se trata sólo de posibilidades, no de certezas; sugieren, pero no son determinantes. Algunos síntomas de baja autoestima en un niño podrían ser:

- Si el niño aspira a ser perfecto y se enoja o se deprime cuando comete errores normales.

- Si el niño se esfuerza por demostrar que "no le pasa nada".

- Si el niño se compara con otras personas para ver si es superior o inferior.

- Si el niño, automáticamente, se disculpa cuando algo sale mal, haya o no tenido algo que ver con el resultado.

- Si el niño quiere siempre tener la palabra final en las discusiones.

- Si el niño se siente incapaz de admitir con sinceridad que hizo algo mal o se niega a pedir disculpas.

- Si el niño se siente obligado a disculparse cuando no está haciendo algo tan bien como quisiera.

- Si el niño necesita complacer siempre a los demás, para sentirse bien consigo mismo.

- Si el niño desiste al primer intento, en vez de probar otra vez.

- Si el niño culpa a los demás por lo que hizo mal.

- Si el niño trata de asumir el crédito de lo que otros hicieron bien.

- Si el niño hace trampa, miente o roba para cubrir sus necesidades.

- Si el niño se rehúsa a aceptar y a decir elogios.

- Si el niño supedita su valor personal al hecho de tener las mejores o las más caras posesiones.

- Si el niño necesita desmerecer los esfuerzos o los logros de otras personas.

- Si el niño puede gastar plata en otras personas, pero no en sí mismo.

- Si el niño se niega a decir lo que está pensando, por miedo a entrar en conflicto.

- Si el niño, para estar bien, necesita hacer siempre lo que le parece.

- Si el niño recurre al alcohol o a las drogas para sentirse seguro socialmente, afrontar desafíos o evadir sentimientos dolorosos.

- Si el niño se niega a probar algo nuevo, por miedo a fracasar.

- Si el niño no puede negarse cuando lo incitan a participar de un mal comportamiento grupal.

- Si el niño practica cualquier tipo de conducta autodestructiva.

¿Es posible tener demasiada autoestima?

Sí. Las personas que se aprecian demasiado tienden a creer que son superiores, que siempre tienen la razón, que merecen una consideración y un trato especiales, que no tienen por qué tolerar disensiones, que lo saben todo (o al menos todo cuanto vale la pena saber), que tienen derecho a hacer las cosas a su modo y que se les debe permitir gobernar la vida de los demás. Muchos tiranos, insignificantes y grandes, desde el niño malcriado hasta el déspota cruel, han tenido una altísima autoestima, a expensas de los demás. *El mejor antídoto para el exceso de autoestima es la humildad* ("No soy ni más ni menos especial que el resto de las personas") y la reciprocidad ("Creo en vínculos equilibrados, en los que las necesidades de las dos partes se valoran y se cuidan por igual").

Si tuviera que hacer una única recomendación para mantener un sólida autoestima, ¿cuál sería?

"Se habla mucho de la autoestima hoy en día... Para mí, es algo muy simple. Si quieres sentirte orgulloso de ti mismo, debes hacer cosas que te enorgullezcan. Los sentimientos siguen a las acciones." Esta es la declaración de Oseola McCarty, una lavandera que donó a la Universidad de Mississippi del Sur los 150.000 dólares que ahorró durante toda su vida, para solventar becas ("New York Times", 28 de septiembre de 1999, pág. C31).

GLOSARIO

Abandono: vivir la dolorosa experiencia de ser abandonado por un ser querido.

Abuso: el comportamiento de un padre, que causa un perjuicio emocional, verbal o físico al bienestar y a la seguridad de su hijo.

Adaptación a la sobrecarga de estímulos: posible respuesta culturalmente condicionada, de los niños que crecen en un entorno tecnológico sobreestimulante; comprende una serie de conductas similares a aquellas que suelen emplearse para caracterizar al TDA.

Adicción: depender compulsivamente, para sobrevivir, de una sustancia autodestructiva o de una actividad.

Adolescencia: el período de crecimiento se inicia cuando un niño se desprende de la niñez (hacia los diez o doce años), y termina cuando adquiere suficiente autonomía para asumir su independencia ocho o diez años más tarde.

Baja de rendimiento en la adolescencia temprana: deterioro en el desempeño académico de un chico, típicamente entre los doce y quince años, que se absorbe y se distrae en su proceso de crecimiento; las energías que antes se invertían en las tareas escolares ahora se canalizan en actitudes de resistencia.

Depresión: un severo estado de abatimiento en el que la persona se siente paralizada emocionalmente, atrapada en el dolor, la desesperanza, la impotencia y el enojo, y no dispone de la energía o la motivación para operar un cambio positivo.

Entrenamiento punitivo: tácticas de humillación, intimidación e insatisfacción que muchos entrenadores, en particular en el colegio secundario, utilizan para controlar y motivar a los jugadores.

Expectativa: escenario mental que se emplea como marco de referencia en el presente y para prever la realidad futura.

Inhibición expresiva: el proceso de bloquear la expresión creativa personal, por miedo a sentir vergüenza o parecer tonto frente a los demás, o por haber vivido esa experiencia.

Repetir: reiterar un alumno el mismo nivel escolar, a causa de su insuficiencia académica o de su inmadurez social.

Resistencia al próximo paso: en la adolescencia avanzada (hacia los dieciséis o dieciocho años) cuando el joven demora deliberadamente los preparativos de una mayor independencia, por miedo a no estar listo para asumir más responsabilidad.

TDA (Trastorno por Déficit de Atención): una condición caracterizada por períodos muy cortos de atención, impulsividad, propensión a la distracción y energía turbulenta, que al niño le resulta difícil controlar.

CONTENIDO

OTRAS GUÍAS PARA PADRES

CLAVES PARA PADRES CON HIJOS ADOLESCENTES

DON H. FONTENELLE

Este libro ayuda a analizar los patrones de conducta y los problemas típicos de los adolescentes de hoy. También ofrece guías para entender algunas expresiones de la conducta que los padres ignoran y consejos prácticos sobre cómo aprender a vivir y a relacionarse mejor con su hijo diariamente.

CLAVES PARA CONVERTIRSE EN UN BUEN PADRE

DR. WILLIAM SEARS

Los padres tienen hoy un rol más importante que nunca. Un experimentado médico, pediatra y padre él mismo, comparte con los hombres todos los aspectos de la paternidad, desde asistir al parto hasta compartir con la mamá el cuidado del hijo. Sobre todo, este libro enseña que la función del padre da felicidad.

CLAVES PARA DISCIPLINAR A LOS HIJOS

ESTEBAN NELSON SIERRA

Disciplinar a un niño es un largo camino que se comienza a recorrer desde el primer minuto de vida. Desde la premisa de que poner límites es algo que le damos a un hijo y castigarlo algo que le hacemos, el autor explica qué actitudes podemos tomar para que las normas no queden como una herida.

CLAVES PARA CRIAR UN HIJO ADOPTADO

KATHY LANCASTER

Preparación para la inserción, creando vínculos afectivos, desarrollando la autoidentidad y autoestima del niño, en sus etapas de crecimiento. La autora nos presenta una serie de actitudes y respuestas para criar hijos felices y bien adaptados, como así también la forma de integrarlos en la familia, responder sus preguntas respecto de la adopción y mucho más.

CLAVES PARA QUE LOS HIJOS SUPEREN EL DIVORCIO DE SUS PADRES

ROSEMARY WELLS

El divorcio nunca es fácil para el niño. Cuando sus padres se separan, los niños tienen fuertes sentimientos de culpa y pérdida y su autoconfianza, sus relaciones y su escolaridad sufren el impacto. Un libro invalorable para padres, abuelos y todos los que quieren ayudar a los niños a comprender lo que están viviendo.

CLAVES PARA ESPERAR Y CUIDAR TU BEBE

DR. WILLIAM SEARS

Consejos prácticos sobre la salud de la madre y del bebé antes del parto y la crianza del bebé durante los primeros meses. El Dr. Sears aconseja acerca de la vinculación afectiva, la alimentación, el baño, la crianza y todos los detalles que la madre y el padre necesitan saber.

CLAVES PARA NIÑOS CON PROBLEMAS PARA DORMIR

SUSAN E. GOTTLIEB

¿Cómo enfrentar las "batallas a la hora de dormir", que tanto agotan a padres y a hijos? Este libro presenta una serie de sugerencias para realizar rituales a la hora de acostarse, para crear un ambiente estimulante, para quitar el temor a las pesadillas, los problemas de insomnio, las sábanas mojadas y mucho más. Usted también se enterará de las características singulares del sueño en cada etapa durante toda la infancia, a partir del nacimiento.

CLAVES PARA DEJAR LOS PAÑALES

MEG ZWEIBACK

Una pediatra y consultora familiar aconseja cuándo comenzar el entrenamiento para el control de esfínteres y ofrece una guía para ese proceso de aprendizaje. También analiza otros problemas habituales: la resistencia y los períodos temporarios de regresión, constipación, enuresis, y varios desafíos que se presentan a muchos padres.

CLAVES PARA UNA SALUDABLE SEXUALIDAD DE TUS HIJOS

CHRYSTAL DE FREITAS

Este libro les ayudará a entender el desarrollo sexual físico y emocional de sus hijos, desde sus primeros años hasta su pubertad. Explica qué necesitan conocer acerca del sexo los niños, en las sucesivas etapas de su crecimiento. Ofrece también respuestas y consejos sobre todas las cuestiones relacionadas con la sexualidad infantil.

CLAVES PARA HABLARLE DE DIOS A TU HIJO

RICK OSBORNE

¿Por qué no puedo ver a Dios? ¿Por qué es tan importante La Biblia? ¿Para qué vamos a la iglesia? ¿Qué debo decir cuando rezo? Una guía práctica para los padres que quieren responder a sus hijos preguntas de este tipo y acercarlos a las virtudes de la vida espiritual.

CLAVES PARA FORTALECER A NIÑOS SENSIBLES

JANET POLAND • JUDI GRAIG

Para los niños sensibles, el mundo puede ser un lugar hostil e incómodo. Para sus padres, la vida puede ser una frustración incesante. ¿Se trata de prever y evitarles las situaciones frustrantes? ¿De hacerles la vida más llevadera? ¿O de enseñarles a atravesar los momentos difíciles sin desmoronarse en el intento? Esta guía ofrece valiosas ideas para fortalecerlos y, al mismo tiempo, conservar su sensibilidad.

CLAVES PARA PADRES CON HIJOS MUY DEMANDANTES

JANET POLAND • JUDI GRAIG

¿Qué hacer cuando no saben hacerse de amigos, comen sólo dulces, tienen berrinches cada vez que les decimos "no", cuando odian todo, critican todo y piensan que hacemos todo mal?
Esta guía ayuda a entender por qué algunos hijos son tan difíciles y ofrece consejos precisos y considerados para ayudarlos —a ellos y a ustedes mismos— a enfrentar los desafíos cotidianos de la vida.